ALL-IN-ONE
REZEPTE

Alle Rezepte in diesem Buch sind sowohl für den Monsieur Cuisine édition plus als auch den Monsieur Cuisine connect geeignet.

Die Angabe der Maschineneinstellungen in den Rezepten (z.B. **Linkslauf/20 Minuten/100 °C/Stufe 1**) sind auf den Monsieur Cuisine édition plus ausgerichtet. Wenn Sie einen Monsieur Cuisine connect besitzen, stellen Sie die letzten beiden Positionen der Maschineneinstellungen in umgekehrter Reihenfolge an Ihrem Gerät ein: **Linkslauf/20 Minuten/Stufe 1/100 °C**.

Symbole Infoleiste

 Portionen    Schwierigkeitsgrad   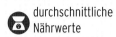 durchschnittliche Nährwerte    Zubereitungszeit (+ zusätzliche Zeiten)

Wichtige Hinweise zum Buch

- Die angegebenen Backofentemperaturen beziehen sich immer auf einen Elektroherd mit Ober- und Unterhitze. Falls Sie mit Umluft arbeiten, reduzieren Sie die angegebene Temperatur um 20 °C.
- Wenn nicht anders erwähnt, werden die Speisen immer auf der mittleren Einschubleiste im Backofen gebacken.
- Wenn bei Backformen kein Durchmesser angegeben ist, beziehen sich die Teigmengen für Kuchen, Torten und Quiches auf Formen mit 26 cm Durchmesser.
- Bei den hier angegebenen Geräteeinstellungen handelt es sich um Richtlinien, an denen Sie sich orientieren können. Je nach Größe und Reifegrad von Obst und Gemüse können sich jedoch geringfügige Abweichungen ergeben. Auch Ihr persönlicher Geschmack muss berücksichtigt werden. Variieren Sie also hier nach eigenem Belieben.
- Die Gewichtsangabe bei Obst und Gemüse bezieht sich stets auf das ungeputzte Rohgewicht der Ware.
- Herstellung von 500 ml Brühe: 500 ml Wasser und 1 Brühwürfel (oder 2 Tl Brühepulver oder 1–2 El selbst gemachtes Brühekonzentrat)

Abkürzungen

cl = Zentiliter	g = Gramm	kJ = Kilojoule	P. = Päckchen
E = Eiweiß	kcal = Kilokalorien	l = Liter	TK = Tiefkühlprodukt
El = Esslöffel	kg = Kilogramm	ml = Milliliter	Tl = Teelöffel
F = Fett	KH = Kohlenhydrate	Msp. = Messerspitze	Ø = Durchmesser
FP = Fertigprodukt			

Text- und Bildnachweis
Rezepte: Bianca Lanio
Rezeptfotos: TLC Fotostudio
Foto Hintergrund (Stoff): © Dmytro Synelnychenko - Fotolia.com
Illustrationen : © rashadashurov - Fotolia.com: Symbole Infoleiste (Schüssel, Kochmütze und Waage)

INHALT

Kochen mit dem
MONSIEUR CUISINE

Der Monsieur Cuisine ist ein wahres Multitalent. Er ersetzt viele Geräte, die ansonsten nur unnötig Platz in Ihrer Küche einnehmen würden. Ob Zerkleinern, Pürieren, Mixen, Rühren, Schlagen, Emulgieren, Dämpfen, Dünsten oder Garen: Alles erledigt der Monsieur Cuisine auf Knopfdruck und sowohl warme als auch kalte Gerichte lassen sich in kürzester Zeit einfach herstellen – dank integrierter Heizfunktion und einstellbarer Temperatur kein Problem. Vor allem durch die Möglichkeit, im Monsieur Cuisine gleichzeitig auf mehreren Ebenen zu garen, lassen sich komplette Gerichte in einem Arbeitsablauf zubereiten. So sparen Sie Zeit und Energie.

Mit unseren abwechslungsreichen All-in-One-Rezepten für Ihren Monsieur Cuisine können Sie das volle Potential des Geräts ausschöpfen. Alle Rezepte in diesem Buch werden vollständig in der Küchenmaschine gekocht und Sie benötigen keine zusätzlichen Töpfe, Pfannen oder den Backofen. Egal ob mit Fleisch, Fisch oder Gemüse, mit Ihrem Monsieur Cuisine garen Sie alle Gerichte unkompliziert auf den Punkt. Probieren Sie leckere One-Pot-Pasta und ein cremiges Risotto. Oder kochen Sie gleich alles auf einmal mit den Beilagen im Mixbehälter und dem Hauptgericht im Dampfgaraufsatz. Und während Sie den Hauptgang genießen, werden feine Desserts wie Schokoflan und Orangenpudding im Monsieur Cuisine zubereitet. So geht entspanntes Kochen heute.

Dieses Buch versteht sich nicht als Bedienungsanleitung. Sie liegt Ihrem Gerät gesondert bei und sollte von Ihnen aufmerksam gelesen werden. Dennoch möchten wir Ihnen nachfolgend ein paar generelle Tipps geben, die Ihnen bei der Benutzung des Monsieur Cuisine und dem Nachkochen der Rezepte hilfreich sein werden. In jedem unserer Rezepte sind die einzelnen Arbeitsschritte mit entsprechenden Maschineneinstellungen detailliert angegeben, damit alles gut gelingt. Dabei sind die Einstellungen und Zeitangaben Richtwerte, die je nach Konsistenz, Reifegrad oder Größe der einzelnen Lebensmittel leicht variieren können.

TIPPS & TRICKS ZUM GENERELLEN UMGANG MIT DEM GERÄT

- Wählen Sie einen standfesten und freien Arbeitsplatz als Standort für den Monsieur Cuisine.
- Der Mixbehälter sollte vor dem ersten Arbeitsgang immer sauber, fettfrei, trocken und maximal zimmerwarm sein. Fett lässt sich besonders gut durch einen Spritzer Zitronensaft oder -konzentrat aus dem Mixbehälter entfernen.
- Beachten Sie unbedingt die maximalen Füllmengen bei Ihrem Monsieur Cuisine.
- Beachten Sie, dass der Messbecher bei eingeschalteter Heizfunktion heiß wird und dass bei der Zugabe weiterer Zutaten durch die Einfüllöffnung möglicherweise heißer Dampf entweichen kann.
- Es empfiehlt sich, die zerkleinerten oder aufgeschlagenen Lebensmittel zwischen den Arbeitsschritten mit dem Spatel an der Innenwand des Mixbehälters nach unten zu schieben. Dies ist insbesondere nötig, wenn kleinere Mengen zerkleinert und anschließend angedünstet werden sollen.

FUNKTIONEN IM ÜBERBLICK

Zerkleinern und Pulverisieren

Das Zerkleinern von Zutaten gehört zur Vorbereitung vieler Gerichte einfach dazu. Oft nimmt genau diese Vorbereitung sehr viel Zeit in Anspruch. Ab jetzt erledigt Ihr Monsieur Cuisine diese Tätigkeiten in einem Bruchteil der Zeit. Vor allem die Turbo-Taste an Ihrem Gerät eignet sich für das rasche Zerkleinern von Lebensmitteln. Am Anfang benötigen Sie sicherlich etwas Übung damit, aber bereits nach kurzer Zeit haben Sie den Dreh raus und kennen Ihre ganz persönlichen Einstellungen um zum gewünschten Ergebnis zu kommen.

<u>3 wichtige Regeln</u>

- Lernen Sie den Monsieur Cuisine kennen und beginnen Sie mit dem Zerkleinern auf kleiner Stufe und mit kurzen Zeitintervallen, bis die gewünschte Konsistenz erreicht ist. So können Sie - unabhängig von unseren Rezeptvorgaben - die für Sie am besten geeignete Zeit und Stufe beim Zerkleinern festlegen.
- Hitzeempfindliche Lebensmittel, wie z. B. Käse, Nüsse und Schokolade immer zu Beginn eines Kochvorgangs zerkleinern, dann ist der Mixbehälter noch trocken und kühl.

• Wenn eine größere Menge zerkleinerter harter Lebensmittel, wie z. B. Nüsse benötigt wird, empfiehlt es sich, den Zerkleinerungsvorgang in Teilmengen vorzunehmen. So erhalten Sie ein gleichmäßiges Ergebnis.

Pürieren, Rühren und Aufschlagen

Egal ob frische Früchte oder vorgegartes Gemüse, mit Ihrem Monsieur Cuisine können Sie beides im Handumdrehen pürieren ohne das Mixgut umzufüllen oder ein zusätzliches Küchengerät zur Hand zu nehmen. Auch beim Rühren und Aufschlagen von kalten oder warmen Saucen und Cremes laufen Sie von nun an nicht mehr Gefahr etwas anbrennen zu lassen oder nicht schnell genug aufzuschlagen, um ein luftiges Ergebnis zu erzielen.

<u>5 wichtige Regeln</u>
• Luftiges Aufschlagen für Eiweiß oder Schlagsahne gelingt perfekt mit dem eingesetzten Rühraufsatz.
• Zum cremigen Aufschlagen empfiehlt es sich, ohne Rühraufsatz zu arbeiten. Gute Ergebnisse erreichen Sie bei Einstellung von Stufe 8 und wenn die Masse mindestens 30 Sekunden oder länger aufgeschlagen wird.
• Bitte benutzen Sie den Rühraufsatz nur, wenn es das Rezept vorsieht.

• Wenn alle Lebensmittel die gleiche Temperatur haben, klappt das Emulgieren am besten.
• Bei der Verwendung von großen und heißen Flüssigkeitsmengen schalten Sie Ihren Monsieur Cuisine bitte stufenweise hoch. Dadurch wird ein Herausspritzen und Überschwappen bei größeren Flüssigkeitsmengen vermieden.

Kochen und Dünsten

Die Zubereitung klassischer Alltagsgerichte, Beilagen und Saucen ist dank der integrierten Kochfunktion des Monsieur Cuisine kein Problem. Die Zubereitung vieler Speisen beginnt mit dem Andünsten oder Anbraten von Wurzelgemüse, Zwiebeln oder Knoblauch in Öl oder Butter. Nutzen Sie dafür bei Ihrem Monsieur Cuisine die Anbrat-Taste. Durch diesen Vorgang entwickeln sich Röstaromen, die vielen Rezepten erst den richtigen Pfiff geben.

Ein Vorteil der Küchenmaschine Monsieur Cuisine ist das Garen auf mehreren Ebenen. Durch die Verwendung des Kocheinsatzes im Mixbehälter lassen sich Beilagen wie Kartoffeln, Nudeln oder Reis oft ohne großen Aufwand mitkochen. Bitte beachten Sie beim Kochen von Reis oder Nudeln immer auch die Garzeit auf der Packung, da diese von Sorte zu Sorte unterschiedlich sein kann.

2 wichtige Regeln

- Bei empfindlichen Gerichten, die nur gerührt, aber nicht zerkleinert werden sollen, empfiehlt sich sanftes Rühren auf Stufe 1, oder, noch besser, der Linkslauf.
- Um Schaumbildung beim Kochen von Nudeln, Reis oder Linsen zu vermeiden, geben Sie 1 Tl Butter oder Öl ins Kochwasser.

Schonendes Garen mit Dampf

Die Zubereitung von Lebensmitteln mit heißem Wasserdampf garantiert ein sehr schonendes Garen der Speisen. Vitamine und Aromen bleiben erhalten und die Gerichte schmecken so aromatischer. Auf die Zugabe von Salz kann verzichtet werden, zudem werden Fett und somit auch überflüssige Kalorien gespart. Dies bildet die Grundlage für eine gesunde Ernährung. Der Monsieur Cuisine mit seiner Dampfgar-Taste gestattet diese schonende Garmethode.

6 wichtige Regeln

- Das Gargut gleichmäßig im Dampfgaraufsatz verteilen und dabei einige Schlitze frei lassen, damit der Dampf sich frei verteilen kann. Nur so ist gewährleistet, dass alle Zutaten gleichmäßig gegart werden.
- Beim Dampfgaren von Fisch und Fleisch empfiehlt es sich, den Dampfgaraufsatz mit einem angefeuchteten Stück Back- oder Pergamentpapier auszulegen oder aber leicht zu fetten, damit die Speisen nicht am Aufsatz anhaften. Wichtig: Einige Schlitze müssen frei bleiben, sodass der Dampf zirkulieren kann.
- Wählen Sie für Zutaten mit kürzerer Garzeit den flachen Dampfgareinsatz.
- Je nach Größe, Dicke, Reifegrad und Konsistenz des Garguts kann die Garzeit von den Angaben im Rezept etwas abweichen.
- Zum Dampfgaren den Mixbehälter immer mit genügend Flüssigkeit (mindestens 500 ml beim Dampfgaren im Kocheinsatz, 1 l beim Dampfgaren im Dampfgaraufsatz) füllen. Die Flüssigkeit (z. B. Wasser oder Brühe, je nach Rezept) wird auf 120 °C erhitzt, Dampf entsteht, dieser steigt nach oben auf und zirkuliert im Dampfgaraufsatz.
- Wo Wasserdampf austritt, wird es heiß. Achten Sie also darauf, dass der Monsieur Cuisine frei steht, sodass austretender Dampf problemlos entweichen kann. Sicher ist sicher: Benutzen Sie immer Topflappen zum Anfassen des Dampfgaraufsatzes und heben Sie den Deckel stets in die Ihnen abgewandte Richtung ab.

DER BESONDERE TIPP:

Verwenden Sie die Dampfgarflüssigkeit zur Herstellung von Saucen - so werden diese besonders aromatisch.

Nehmen Sie sich Zeit die verschiedenen Facetten Ihrer neuen Küchenmaschine Monsieur Cuisine genau kennenzulernen. Die vielfältigen Einsatzmöglichkeiten in der Küche lassen sich am besten im täglichen Gebrauch erproben. Die Rezepte in diesem Kochbuch bieten Ihnen dazu viele Ideen zu köstlichen Gerichten. Wir wünschen Ihnen viel Freude und gutes Gelingen beim Kochen mit Ihrem Monsieur Cuisine.

einfach
lecker

FLEISCH
& GEFLÜGEL

Pasta
MIT SPARGEL UND SCHINKEN-KÄSE-SAUCE

 Für 4 Portionen   Einfach   Pro Portion ca. 525 kcal/2199 kJ
25 g E, 51 g F, 57 g KH   Fertig in: 35 Min.
Zubereitungszeit: 15 Min.
(+ 20 Min. Garen)

ZUTATEN

1 Schalotte (35 g)
1 El Butter
180 g gekochter Schinken in
   Scheiben
850 ml lauwarme Gemüsebrühe
150 g Schmelzkäse (50 % Fett)
3 Prisen Salz
¼ Tl Pfeffer
300 g kurze Nudeln (z. B. Penne)
180 g grüner Spargel

■ Schalotte schälen, halbieren und im Mixbehälter mit eingesetztem Messbecher **8 Sekunden/Stufe 6** zerkleinern. Die Stücke mit dem Spatel an der Innenwand des Mixbehälters nach unten schieben. Die Butter hinzufügen und ohne eingesetzten Messbecher mit der **Anbrat-Taste/2 Minuten** andünsten.

■ Den Schinken in Streifen oder Würfel schneiden, dazugeben und ohne eingesetzten Messbecher **2 Minuten/100 °C/Stufe 1** andünsten.

■ Lauwarme Gemüsebrühe, Schmelzkäse, Salz und Pfeffer in den Mixbehälter geben und mit eingesetztem Messbecher **5 Minuten/100 °C/Stufe 1** erhitzen. Nudeln hinzufügen, mit dem Spatel unterrühren und mit eingesetztem Messbecher mit **Linkslauf/Zeit nach Packungsangabe der Nudeln/100 °C/Stufe 1** köcheln lassen.

■ In der Zwischenzeit den Spargel waschen, im unteren Drittel schälen, die holzigen Enden abschneiden und in mundgerechte Stücke schneiden. Den Spargel 6 Minuten vor Ende der Garzeit durch die Einfüllöffnung im Deckel geben, den Spatel einführen und mitrühren.

■ Vor dem Servieren mit Salz und Pfeffer abschmecken.

Cevapcici
MIT GEMÜSE-PILAW

 Für 4 Portionen Einfach Pro Portion ca. 550 kcal/2302 kJ
29 g E, 22 g F, 59 g KH Fertig in: 43 Min.
Zubereitungszeit: 25 Min.
(+ 18 Min. Garen)

ZUTATEN

1 Zwiebel (80 g)
1 Knoblauchzehe
400 g Hackfleisch, halb und halb
½ Tl Salz
¼ Tl Pfeffer
¼ Tl scharfes Paprikapulver
½ Tl edelsüßes Paprikapulver
1 rote Paprikaschote (100 g)
80 g Champignons
1 Möhre (60 g)
80 g Mais
60 g Erbsen (TK)
1 l warme Gemüsebrühe
250 g Langkorn-Reis
  (Kochzeit: 15 Minuten)
¼ Tl Currypulver

AUSSERDEM
Ajvar nach Belieben

■ Zwiebel und Knoblauchzehe schälen, die Zwiebel halbieren und beides im Mixbehälter mit eingesetztem Messbecher **8 Sekunden/Stufe 6** zerkleinern. Die Stücke mit dem Spatel an der Innenwand des Mixbehälters nach unten schieben. Hackfleisch, Salz, Pfeffer, scharfes und ¼ Teelöffel edelsüßes Paprikapulver dazugeben und mit eingesetztem Messbecher mit der **Teigknet-Taste/1 Minute** gleichmäßig verkneten. Den flachen Dampfgareinsatz mit Backpapier auslegen, dabei einige Schlitze frei lassen. Aus der Hackmasse 12 Cevapcici formen und im flachen Dampfgareinsatz verteilen.

■ Die Paprika halbieren, putzen, innen und außen waschen und in Stücke schneiden. Die Champignons putzen und vierteln. Paprika und Champignons im tiefen Dampfgaraufsatz verteilen. Die Möhre schälen, in dünne Scheiben schneiden und dazugeben. Den Mais in einem Sieb abtropfen lassen und zusammen mit den Erbsen ebenfalls in den tiefen Dampfgaraufsatz geben.

■ Die warme Gemüsebrühe in den Mixbehälter geben. Den Kocheinsatz einsetzen und den Reis hineingeben. Curry- und restliches edelsüßes Paprikapulver darüberstäuben. Den flachen Dampfgareinsatz in den tiefen Dampfgaraufsatz einhängen und diesen auf den Mixbehälter aufsetzen und verschließen. Alles **18 Minuten/120 °C/Stufe 1** garen.

■ Den Dampfgaraufsatz abnehmen und den Kocheinsatz mithilfe des Spatels aus dem Mixbehälter heben. Gemüse und Reis in eine vorgewärmte Schüssel geben, vermengen und mit Salz und Pfeffer abschmecken.

■ Die Cevapcici mit dem Gemüse-Reis und nach Belieben mit etwas Ajvar servieren.

Schnitzeltopf
MIT GNOCCHI

 Für 4 Portionen   Einfach   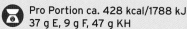 Pro Portion ca. 428 kcal/1788 kJ
37 g E, 9 g F, 47 g KH    Fertig in: 1 Std. 4 Min.
Zubereitungszeit: 35 Min.
(+ 29 Min. Garen)

ZUTATEN

1 Zwiebel (80 g)
25 g Butter
1 Zucchini (200 g)
1 rote Paprikaschote (150 g)
150 g Champignons
500 g Schweineschnitzel
500 ml warme Gemüsebrühe
1 TI Paprikapulver edelsüß
1 TI Salz
½ TI Pfeffer
1 TI Kräuter der Provence
140 g Tomatenmark
500 g frische Gnocchi

■ Die Zwiebel schälen, halbieren und im Mixbehälter mit eingesetztem Messbecher **6 Sekunden/Stufe 6** zerkleinern. Die Stücke mithilfe des Spatels an der Innenwand des Mixbehälters nach unten schieben. Die Butter in Stücken hinzufügen und ohne eingesetzten Messbecher mit der **Anbrat-Taste/3 Minuten** andünsten.

■ Die Zucchini waschen, putzen, in 1 Zentimeter dicke Scheiben schneiden und im tiefen Dampfgaraufsatz verteilen. Die Paprikaschote halbieren, putzen, innen und außen waschen und in Streifen schneiden. Die Streifen über den Zucchini im tiefen Dampfgaraufsatz verteilen. Die Champignons putzen und vierteln. Diese über dem restlichen Gemüse im tiefen Dampfgaraufsatz verteilen.

■ Die Schweineschnitzel in mundgerechte Stücke schneiden, in den Mixbehälter geben und ohne eingesetzten Messbecher mit der **Anbrat-Taste/6 Minuten** anbraten. Warme Gemüsebrühe, Paprikapulver, Salz, Pfeffer, Kräuter und Tomatenmark in den Mixbehälter hinzufügen. Den tiefen Dampfgaraufsatz auf den Mixbehälter aufsetzen. Den flachen Dampfgareinsatz einhängen und die Gnocchi darin verteilen. Alles mit dem Deckel verschließen und mit **Linkslauf/20 Minuten/ 120 °C/Stufe 2** garen.

■ Den Dampfgaraufsatz absetzen, den Schnitzeltopf im Mixbehälter mit Salz und Pfeffer nochmals abschmecken und auf Tellern verteilen. Gnocchi und Gemüse ebenfalls verteilen und servieren.

Schinkenröllchen
MIT HIRTENGEMÜSE UND COUSCOUS

 Für 4 Portionen Einfach Pro Portion ca. 815 kcal/3415 kJ
49 g E, 47 g F, 49 g KH

Fertig in: 48 Min.
Zubereitungszeit: 25 Min.
(+ 23 Min. Garen)

ZUTATEN

½ Brötchen vom Vortag
1 kleine Zwiebel (60 g)
1 Knoblauchzehe
400 g Rinderhackfleisch
1 El Senf
¾ Tl + 2 Prisen Salz
½ Tl + 1 Prise Pfeffer
12 Scheiben dünn geschnittenen,
   gekochten Schinken
500 g gemischte Paprikaschoten
250 g Feta (45 % Fett)
800 ml warme Gemüsebrühe
2 Tl Tomatenmark
150 g Kräuter-Crème fraîche
   (30 % Fett)
10 g Speisestärke
200 g Couscous

■ Das halbe Brötchen in kaltem Wasser einweichen. Zwiebel und Knoblauchzehe schälen, die Zwiebel halbieren und beides im Mixbehälter mit eingesetztem Messbecher **6 Sekunden/Stufe 8** zerkleinern. Die Stücke mit dem Spatel an der Innenwand des Mixbehälters nach unten schieben.

■ Hackfleisch, Senf, ½ Teelöffel Salz und ¼ Teelöffel Pfeffer dazugeben. Das Brötchen kräftig ausdrücken, ebenfalls in den Mixbehälter hinzufügen und mit eingesetztem Messbecher mit der **Teigknet-Taste/1 Minute** gleichmäßig verkneten. Den flachen Dampfgareinsatz mit Backpapier auslegen, dabei einige Schlitze frei lassen. Aus der Hackmasse 12 Röllchen formen, mit je 1 Scheibe Schinken umwickeln und die Enden einschlagen. Die Röllchen im flachen Dampfgareinsatz verteilen.

■ Die Paprikaschoten halbieren, putzen, innen und außen waschen und grob würfeln. Die Würfel im tiefen Dampfgaraufsatz verteilen. Den Feta ebenfalls würfeln und dazugeben. Mit 2 Prisen Salz und 1 Prise Pfeffer würzen.

■ Die warme Gemüsebrühe in den Mixbehälter geben. Den flachen Dampfgareinsatz in den tiefen Dampfgaraufsatz einhängen, verschließen und auf den Mixbehälter aufsetzen. Alles mit der **Dampfgar-Taste** garen.

■ Den Dampfgaraufsatz abnehmen und beiseitestellen. Den Mixbehälter leeren und dabei 500 ml Brühe auffangen.

■ 200 ml Gemüsebrühe wieder zurück in den Mixbehälter geben, Tomatenmark, Kräuter-Crème fraîche, ¼ Teelöffel Salz und ¼ Teelöffel Pfeffer dazugeben und mit eingesetztem Messbecher **25 Sekunden/Stufe 4** verrühren. Die Speisestärke in 2 Esslöffel kaltem Wasser glatt rühren, in den Mixbehälter hinzufügen und ohne eingesetzten Messbecher **3 Minuten/95 °C/Stufe 2** aufkochen.

- In der Zwischenzeit Couscous in eine Schüssel geben und die restliche Gemüsebrühe (300 ml) dazugeben, gründlich verrühren, ziehen lassen und zwischendurch umrühren.
- Die Schinkenröllchen mit dem Hirtengemüse, dem Couscous und der Sauce servieren.

Filettopf Mexiko

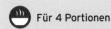 Für 4 Portionen Einfach 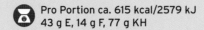 Pro Portion ca. 615 kcal/2579 kJ
43 g E, 14 g F, 77 g KH

Fertig in: 53 Min.
Zubereitungszeit: 20 Min.
(+ 33 Min. Garen)

ZUTATEN

1 Schalotte (35 g)

1 Knoblauchzehe

2 El Butter

500 g Rinderfiletspitzen

1 Tl scharfes Paprikapulver

½ Tl Salz

¼ Tl Pfeffer

850 ml warme Gemüsebrühe

250 g Langkorn-Reis
  (Kochzeit: 15 Minuten)

1 grüne Paprikaschote (200 g)

400 g Kidneybohnen aus
  der Dose

130 g Mais aus der Dose

1 El Speisestärke

4 El Tomatenmark

■ Schalotte und Knoblauchzehe schälen, die Schalotte halbieren und beides im Mixbehälter mit eingesetztem Messbecher **8 Sekunden/Stufe 6** zerkleinern. Die Stücke mit dem Spatel an der Innenwand des Mixbehälters nach unten schieben. Die Butter hinzufügen und ohne eingesetzten Messbecher mit der **Anbrat-Taste/2 Minuten** andünsten.

■ Das Fleisch in den Mixbehälter dazugeben und ohne eingesetzten Messbecher mit der **Anbrat-Taste** anbraten. Paprikapulver, Salz und Pfeffer dazugeben und erneut ohne eingesetzten Messbecher mit der **Anbrat-Taste/3 Minuten** anbraten.

■ Die warme Gemüsebrühe in den Mixbehälter geben, den Kocheinsatz einsetzen und den Reis hineinfüllen. Die Paprikaschote halbieren, putzen, innen und außen waschen, vierteln, in Stücke schneiden und im flachen Dampfgareinsatz verteilen. Die Kidneybohnen und den Mais in ein Sieb geben, kurz abbrausen, abtropfen lassen und im tiefen Dampfgaraufsatz verteilen. Den flachen Dampfgareinsatz in den tiefen Dampfgaraufsatz einhängen, auf den Mixbehälter aufsetzen, verschließen und **18 Minuten/100 °C/Stufe 1** garen.

■ Den Dampfgaraufsatz abnehmen und den Kocheinsatz mithilfe des Spatels aus dem Mixbehälter heben. Den Reis zum Gemüse in den tiefen Dampfgaraufsatz geben und mithilfe des Spatels vermengen. Die Paprikastücke in den Mixbehälter geben. Die Speisestärke mit 1 Esslöffel kaltem Wasser glatt rühren und mit dem Tomatenmark in den Mixbehälter dazugeben. Den Dampfgaraufsatz auf den Mixbehälter aufsetzen, verschließen und mit **Linkslauf/3 Minuten/100 °C/Stufe 1** kochen.

■ Das Fleisch mit dem Gemüsereis anrichten und servieren.

Kichererbsen-Curry

 Für 4 Portionen   Einfach Pro Portion ca. 488 kcal/2039 kJ
58 g E, 9 g F, 41 g KH Fertig in: 1 Std.
Zubereitungszeit: 30 Min.
(+ 30 Min. Garen)

ZUTATEN

1 Knoblauchzehe
1 Stück Ingwer (3 cm)
1 Tl Kokosöl
4 Möhren (250 g)
3 festkochende Kartoffeln
  (300 g)
1 gelbe Paprikaschote (200 g)
400 g Kichererbsen aus der Dose
800 g Hähnchenfilet
½ Tl Salz
2 Prisen Pfeffer
800 ml warme Gemüsebrühe
2 El Currypulver
½ Tl Kurkuma
¼ Tl Cayennepfeffer
1 El Speisestärke

■ Knoblauchzehe und Ingwer schälen und im Mixbehälter mit eingesetztem Messbecher **6 Sekunden/Stufe 8** zerkleinern. Die Stücke mit dem Spatel an der Innenwand des Mixbehälters nach unten schieben. Das Kokosöl dazugeben und ohne eingesetzten Messbecher mit der **Anbrat-Taste/3 Minuten** dünsten.

■ Möhren und Kartoffeln schälen und die Kartoffeln waschen. Die Möhren in Scheiben schneiden, die Kartoffeln würfeln und beides in den Mixbehälter geben. Die Paprikaschote halbieren, putzen, innen und außen waschen und grob würfeln. Die Kichererbsen in ein Sieb abgießen, abspülen, abtropfen lassen und mit den Paprikawürfeln in den Mixbehälter geben.

■ Das Hähnchenfilet waschen, trocken tupfen und in Streifen schneiden. Mit 2 Prisen Salz und 2 Prisen Pfeffer würzen und im tiefen Dampfgaraufsatz verteilen. Die warme Gemüsebrühe, Currypulver, Kurkuma und Cayennepfeffer in den Mixbehälter geben. Den Dampfgaraufsatz aufsetzen, verschließen und mit **Linkslauf/20 Minuten/120 °C/Stufe 1** garen.

■ Den Dampfgaraufsatz abnehmen und beiseitestellen. Die Speisestärke mit 3 Esslöffel kaltem Wasser glatt rühren, in den Mixbehälter geben und ohne eingesetzten Messbecher mit **Linkslauf/3 Minuten/95 °C/Stufe 2** aufkochen.

■ Das Kichererbsen-Curry in tiefe Teller geben und die Hähnchenstreifen darauf verteilen und servieren.

Kräuterhähnchen
MIT GNOCCHI

 Für 4 Portionen   Mittel 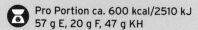 Pro Portion ca. 600 kcal/2510 kJ
57 g E, 20 g F, 47 g KH

Fertig in: 58 Min.
Zubereitungszeit: 30 Min.
(+ 28 Min. Garen)

ZUTATEN

1 Knoblauchzehe
175 g Kräuterfrischkäse
　(Doppelrahmstufe)
2 El italienische Kräuter (TK)
1 Tl Salz
½ Tl Pfeffer
¼ Tl Cayennepfeffer
4 Hähnchenbrustfilets à 200 g
500 g frische Gnocchi
12 Kirschtomaten
250 ml heiße Gemüsebrühe
50 g Tomatenmark
15 g Speisestärke

AUSSERDEM
2 Stiele Basilikum

■ Knoblauch schälen, in den Mixbehälter geben und mit eingesetztem Messbecher mit **Turbo-Taste/3 Sekunden** zerkleinern. Die Stücke mit dem Spatel an der Innenwand des Mixbehälters nach unten schieben. Kräuterfrischkäse, italienische Kräuter, Salz, Pfeffer und Cayennepfeffer dazugeben und mit eingesetztem Messbecher **35 Sekunden/Stufe 4** verrühren.

■ Die Hähnchenbrustfilets waschen, trocken tupfen, der Länge nach einschneiden, sodass eine Tasche entsteht. Jeweils 1 Esslöffel Frischkäsemasse gleichmäßig in der Tasche verteilen, die Tasche schließen. Die Filets in Frischhaltefolie wickeln und in den tiefen Dampfgaraufsatz legen. Die restliche Frischkäsemischung zur Seite stellen.

■ Den Mixbehälter mit 1 l kaltem Wasser füllen, den Dampfgaraufsatz aufsetzen, verschließen und mit der **Dampfgar-Taste/25 Minuten** garen. Die Gnocchi gleichmäßig im flachen Dampfgareinsatz verteilen und diesen 10 Minuten vor Ende der Garzeit vorsichtig einhängen, den Dampfgaraufsatz wieder verschließen und zu Ende garen.

■ In der Zwischenzeit die Kirschtomaten waschen, halbieren und zur Seite stellen. Die Dampfgaraufsätze abnehmen und zur Seite stellen. Den Mixbehälter leeren. Die heiße Gemüsebrühe, Tomatenmark, restliche Frischkäsemasse und Kirschtomaten in den Mixbehälter geben und mit eingesetztem Messbecher **25 Sekunden/Stufe 4** verrühren. Die Speisestärke in 3 Esslöffel kaltem Wasser glatt rühren, in den Mixbehälter hinzufügen und ohne eingesetzten Messbecher **3 Minuten/95 °C/Stufe 2** aufkochen.

■ Die Hähnchenbrustfilets aus der Folie nehmen und zusammen mit den Gnocchi und der Tomatensauce anrichten. Die Basilikumblätter von den Stielen zupfen, waschen, trocken tupfen und die Hähnchenbrustfilets damit garnieren und servieren.

Tafelspitz
MIT MEERRETTICHSAUCE

 Für 4 Portionen   Einfach   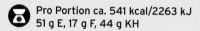 Pro Portion ca. 541 kcal/2263 kJ
51 g E, 17 g F, 44 g KH   Fertig in: 2 Std. 34 Min.
Zubereitungszeit: 30 Min.
(+ 2 Std. 4 Min. Garen)

ZUTATEN

800 g Tafelspitz

½ Tl Salz

¼ Tl Pfeffer

3 Wacholderbeeren

3 Lorbeerblätter

1,5 l warme Gemüsebrühe

8 mehligkochende Kartoffeln
  (750 g)

450 g Wurzelgemüse
  (Möhren, Petersilienwurzel)

1 Stange Lauch (100 g)

2 El Sahnemeerrettich
  aus dem Glas

2 El scharfer Meerrettich
  aus dem Glas

1 El Speisestärke

1 Spritzer Zitronensaft

250 ml Milch
  (Frischmilch, 3,5 % Fett)

20 g Butter

1 Prise frisch geriebene
  Muskatnuss

■ Den Tafelspitz waschen, trocken tupfen, rundherum mit Salz und Pfeffer würzen und in den tiefen Dampfgaraufsatz legen. Wacholderbeeren und Lorbeerblätter um das Fleisch verteilen.

■ 1 l warme Gemüsebrühe in den Mixbehälter geben und den Dampfgaraufsatz aufsetzen, verschließen und mit der **Dampfgar-Taste/60 Minuten** garen. Dann die Flüssigkeitsmenge im Mixbehälter überprüfen und bei Bedarf mit warmer Gemüsebrühe bis zur 1-Liter-Markierung auffüllen. Anschließend das Fleisch wenden, Dampfgaraufsatz wieder verschließen und mit der **Dampfgar-Taste/35 Minuten** garen.

■ In der Zwischenzeit die Kartoffeln schälen, waschen, würfeln und in den Kocheinsatz geben. Das Wurzelgemüse putzen, schälen und in mundgerechte Stücke schneiden. Den Lauch putzen, gründlich waschen und in breite Ringe schneiden.

■ Erneut die Flüssigkeitsmenge im Mixbehälter überprüfen, bei Bedarf auffüllen und den Kocheinsatz in den Mixbehälter einsetzen. Den Dampfgaraufsatz wieder aufsetzen, das Gemüse zum Tafelspitz in den tiefen Dampfgaraufsatz geben, verschließen und mit der **Dampfgar-Taste/25 Minuten** weitergaren.

■ Den Dampfgaraufsatz abnehmen, den Kocheinsatz mithilfe des Spatels aus dem Mixbehälter heben und Wacholderbeeren und Lorbeerblätter vom Fleisch entfernen. Fleisch und Gemüse warm stellen. Den Mixbehälter ausleeren und dabei die Brühe auffangen.

■ 250 ml der aufgefangenen Gemüsebrühe in den Mixbehälter geben und beide Meerrettichsorten dazugeben. Die Speisestärke mit 1 Esslöffel kaltem Wasser glatt rühren und ebenfalls dazugeben. Alles ohne eingesetzten Messbecher **4 Minuten/100 °C/Stufe 1** aufkochen. Die Meerrettichsauce mit einem Spritzer Zitronensaft, Salz und Pfeffer abschmecken. Warm stellen und den Mixbehälter kurz ausspülen.

- Die Kartoffeln in den Mixbehälter geben, Milch und Butter dazugeben und mit eingesetztem Messbecher **6 Sekunden/ Stufe 6** verrühren. Mit Muskat, Salz und Pfeffer abschmecken.
- Das Fleisch in Scheiben schneiden, auf Tellern anrichten und mit dem Kartoffelpüree, dem Gemüse und der Meerrettichsauce servieren.

TIPP

Wer es gern extra-scharf mag, kann auch frisch geriebenen Meerrettich verwenden.

Rahmsauerkraut
MIT KASSELER

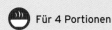 Für 4 Portionen   Einfach   Pro Portion ca. 534 kcal/2234 kJ 30 g E, 33 g F, 29 g KH   Fertig in: 1 Std. 9 Min. Zubereitungszeit: 15 Min. (+ 54 Min. Garen)

ZUTATEN

1 Zwiebel (80 g)
20 g Butterschmalz
500 g frisches Sauerkraut
500 ml heiße Gemüsebrühe
200 g Sahne (30 % Fett)
1 ½ Tl Kümmel
1 Tl Salz
½ Tl Pfeffer
7 festkochende Kartoffeln
 (600 g)
4 Scheiben Kasseler à 120 g

■ Die Zwiebel schälen, halbieren und im Mixbehälter mit eingesetztem Messbecher **8 Sekunden/Stufe 6** zerkleinern. Das Butterschmalz hinzufügen und ohne eingesetzten Messbecher mit der **Anbrat-Taste/2 Minuten** andünsten. Das Sauerkraut in den Mixbehälter dazugeben und ohne eingesetzten Messbecher mit der **Anbrat-Taste** schmoren. Heiße Gemüsebrühe, Sahne, Kümmel, Salz und Pfeffer dazugeben.

■ Die Kartoffeln schälen, waschen, halbieren und im flachen Dampfgareinsatz verteilen. Kasseler im tiefen Dampfgaraufsatz verteilen. Den Dampfgaraufsatz aufsetzen, den Dampfgareinsatz einhängen, verschließen und mit der **Dampfgar-Taste/45 Minuten** garen.

■ Rahmsauerkraut mit Kartoffeln und Kasseler auf Tellern anrichten und servieren.

Schweinemedaillons
MIT METAXA-SAUCE UND REIS

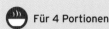 Für 4 Portionen Einfach | Pro Portion ca. 716 kcal/2996 kJ 55 g E, 23 g F, 68 g KH | Fertig in: 40 Min. Zubereitungszeit: 20 Min. (+ 20 Min. Garen)

ZUTATEN

800 g Schweinefilet
1 Tl Salz
½ Tl Pfeffer
400 g Erbsen und Möhren (TK)
1 l warme Gemüsebrühe
250 g Langkorn-Reis
  (Kochzeit: 15 Minuten)
4 El Tomatenmark
200 g Sahne (30 % Fett)
50 ml Metaxa
1 Tl Balsamico bianco
1 Tl Kräuter der Provence
2 El Speisestärke

■ Das Schweinefilet waschen, trocken tupfen, rundherum mit ½ Teelöffel Salz und ¼ Teelöffel Pfeffer würzen. In 8 Stücke schneiden und in den tiefen Dampfgaraufsatz legen. Erbsen und Möhren im flachen Dampfgareinsatz verteilen und diesen in den tiefen Dampfgareinsatz einhängen.

■ Die warme Gemüsebrühe in den Mixbehälter geben, den Kocheinsatz einsetzen und den Reis hineingeben. Den Dampfgaraufsatz auf den Mixbehälter aufsetzen, verschließen und mit der **Dampfgar-Taste/15 Minuten** garen.

■ Den Dampfgaraufsatz abnehmen, den Kocheinsatz mithilfe des Spatels aus dem Mixbehälter heben und Fleisch, Reis und Gemüse warm stellen. Den Mixbehälter ausleeren und dabei die Brühe auffangen.

■ 100 ml Gemüsebrühe, Tomatenmark, Sahne, Metaxa, Balsamico und Kräuter der Provence in den Mixbehälter geben. Die Speisestärke in 3 Esslöffel Brühe glatt rühren, in den Mixbehälter hinzufügen und alles ohne eingesetzten Messbecher **5 Minuten/100 °C/Stufe 1** aufkochen.

■ Das Fleisch mit dem Reis und dem Gemüse anrichten und die Sauce dazu reichen.

Putengulasch
MIT BANDNUDELN

 Für 4 Portionen   Einfach   Pro Portion ca. 425 kcal/1775 kJ
53 g E, 9 g F, 31 g KH   Fertig in: 53 Min.
Zubereitungszeit: 25 Min.
(+ 28 Min. Garen)

ZUTATEN

1 Zwiebel (80 g)
1 El Butter
750 g Putengulasch
250 g rote und grüne
   Paprikaschoten
150 g kleine Champignons
250 ml heiße Gemüsebrühe
400 g passierte Tomaten
   aus der Dose
1 Tl Paprikapulver edelsüß
½ Tl Salz
¼ Tl Pfeffer
400 g frische Bandnudeln

■ Die Zwiebel schälen, halbieren und im Mixbehälter mit eingesetztem Messbecher **6 Sekunden/Stufe 8** zerkleinern. Die Stücke mit dem Spatel an der Innenwand des Mixbehälters nach unten schieben. Die Butter hinzufügen und alles ohne eingesetzten Messbecher mit der **Anbrat-Taste/3 Minuten** anschwitzen. Das Putengulasch waschen, trocken tupfen, in den Mixbehälter dazugeben und ohne eingesetzten Messbecher mit der **Anbrat-Taste** anbraten.

■ Die Paprikaschoten halbieren, putzen, innen und außen waschen und grob würfeln. Die Stücke in den tiefen Dampfgaraufsatz geben. Die Champignons putzen, halbieren und dazugeben.

■ Die heiße Gemüsebrühe, passierte Tomaten, Paprikapulver, Salz und Pfeffer in den Mixbehälter geben. Den tiefen Dampfgaraufsatz auf den Mixbehälter aufsetzen. Die frischen Bandnudeln gleichmäßig in dem flachen Dampfgareinsatz verteilen und diesen in den tiefen Dampfgaraufsatz einhängen. Den Dampf-garaufsatz verschließen und alles mit **Linkslauf/18 Minuten/100 °C/Stufe 1** garen.

■ Den Dampfgaraufsatz abnehmen. Das Gemüse in den Mixbehälter geben und mit eingesetztem Messbecher mit **Linkslauf/45 Sekunden/Stufe 2** unterrühren. Mit Salz und Pfeffer abschmecken und das Putengulasch mit den Bandnudeln servieren.

Hähnchen-Pilaw

 Für 4 Portionen   Einfach   Pro Portion ca. 705 kcal/2951 kJ 52 g E, 26 g F, 65 g KH   Fertig in: 40 Min. Zubereitungszeit: 20 Min. (+ 20 Min. Garen)

ZUTATEN

½ Bund glatte Petersilie
150 g ganze Mandeln
1 kleine Zwiebel (60 g)
1 Knoblauchzehe
1 El Butter
4 Möhren (250 g)
200 g Erbsen (TK)
600 g Hähnchenfilets
½ Tl Salz
¼ Tl Pfeffer
3 Msp. Cayennepfeffer
250 g Parboiled Reis
  (Kochzeit: 18 Min.)
800 ml warme Gemüsebrühe
¼ Tl Kreuzkümmel
¼ Tl rosenscharfes Paprikapulver

■ Petersilie waschen, trocken schütteln, die Blätter abzupfen und in den Mixbehälter geben. Mandeln dazugeben und mit eingesetztem Messbecher **10 Sekunden/Stufe 8** zerkleinern. Die Mischung umfüllen.

■ Zwiebel und Knoblauchzehe schälen, die Zwiebel halbieren und beides im Mixbehälter mit eingesetztem Messbecher **6 Sekunden/Stufe 8** zerkleinern. Die Butter dazugeben und ohne eingesetzten Messbecher mit der **Anbrat-Taste/2 Minuten** dünsten.

■ Möhren schälen, in dünne Scheiben schneiden und im flachen Dampfgareinsatz verteilen. Erbsen dazugeben. Hähnchenfilets waschen, trocken tupfen, in Streifen schneiden und mit ¼ Teelöffel Salz, ⅛ Teelöffel Pfeffer und dem Cayennepfeffer würzen. Die Hähnchenstreifen im tiefen Dampfgaraufsatz verteilen.

■ Den Reis in den Kocheinsatz geben und in den Mixbehälter einsetzen. Die warme Gemüsebrühe darüber in den Mixbehälter gießen. Den flachen Dampfgareinsatz in den tiefen Dampfgaraufsatz einhängen, auf den Mixbehälter aufsetzen, verschließen und mit der **Dampfgar-Taste/18 Minuten** garen.

■ Den Dampfgaraufsatz abheben und den Kocheinsatz mithilfe des Spatels entnehmen. Den Mixbehälter leeren und dabei 150 ml Gemüsebrühe auffangen. Den Reis in eine vorgewärmte Schüssel geben, Gemüse und Fleisch dazugeben, mit Kreuzkümmel, Paprikapulver, restlichem Salz und Pfeffer würzen. 50 ml Gemüsebrühe dazugeben und alles gründlich vermengen. Bei Bedarf weitere Brühe dazugeben.

■ In Schüsseln anrichten, mit der Mandel-Petersilien-Mischung garniert servieren.

Schaschlikspieße
MIT GEMÜSEREIS

 Für 4 Portionen   Einfach   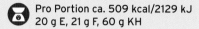 Pro Portion ca. 509 kcal/2129 kJ 20 g E, 21 g F, 60 g KH    Fertig in: 1 Std. 2 Min. Zubereitungszeit: 32 Min. (+ 30 Min. Garen)

ZUTATEN

1 Zucchini (150 g)
1 rote Paprikaschote (150 g)
250 g Parboiled Reis
  (Kochzeit: 18 Min.)
1 TI gemischte Kräuter (TK)
1 l warme Gemüsebrühe
½ TI Salz
¼ TI Pfeffer
4 marinierte Schaschlikspieße
1 Knoblauchzehe
1 El Butter
100 g Champignons
3 El Tomatenmark
2 El Crème fraîche (30 % Fett)
1 El Speisestärke

■ Zucchini putzen, waschen, halbieren, vierteln und in Stücke schneiden. Paprika-schote halbieren, putzen, innen und außen waschen und in Stücke schneiden. Den Reis in den Kocheinsatz geben und diesen in den Mixbehälter einsetzen. Die Gemüsebrühe über den Reis in den Mixbehälter gießen. Das Gemüse und die Kräuter zum Reis geben und unterheben.

■ Den tiefen Dampfgaraufsatz auf den Mixbehälter aufsetzen, den flachen Dampf-gareinsatz einhängen und die Schaschlikspieße hineinlegen. Den Dampfgarauf-satz verschließen und mit der **Dampfgar-Taste** garen.

■ Den Dampfgaraufsatz abnehmen, den Kocheinsatz mithilfe des Spatels ent-nehmen und beides warm stellen. Den Mixbehälter leeren und dabei die Brühe auffangen.

■ Die Knoblauchzehe schälen und im Mixbehälter mit eingesetztem Messbecher **6 Sekunden/Stufe 8** zerkleinern. Die Stücke mit dem Spatel an der Innenwand des Mixbehälters nach unten schieben. Die Butter hinzufügen und ohne einge-setzten Messbecher mit der **Anbrat-Taste/2 Minuten** dünsten.

■ Die Champignons putzen, halbieren, in Scheiben schneiden und in den Mix-behälter geben. Ohne eingesetzten Messbecher mit der **Anbrat-Taste/2 Minuten** dünsten. Tomatenmark, Crème fraîche, Salz und Pfeffer und 250 ml der aufge-fangenen Brühe in den Mixbehälter dazugeben. Alles ohne eingesetzten Mess-becher mit **Linkslauf/3 Minuten/95 °C/Stufe 2** erwärmen. Die Speisestärke mit 3 Esslöffel Wasser glatt rühren, dazugeben und ohne eingesetzten Messbecher mit **Linkslauf/3 Minuten/95 °C/Stufe 2** erhitzen.

■ Die Schaschlikspieße mit dem Gemüsereis und der Sauce anrichten und servieren.

Rotkohl-Rouladen
MIT MALZBIERSAUCE

 Für 4 Portionen Einfach Pro Portion ca. 520 kcal/2179 kJ
29 g E, 24 g F, 44 g KH Fertig in: 1 Std. 17 Min.
Zubereitungszeit: 40 Min.
(+ 37 Min. Garen)

ZUTATEN

1 Brötchen vor Vortag
1 Zwiebel (80 g)
450 g gemischtes Hackfleisch
1 Ei (Größe M)
1 Tl Senf
½ Tl Salz
¼ Tl Pfeffer
½ Rotkohl
7 festkochende Kartoffeln
  (650 g)
1 rote Zwiebel (80 g)
2 El Butter
250 ml Malzbier
10 g Speisestärke

AUSSERDEM
Küchengarn

■ Das Brötchen in kaltem Wasser einweichen. Die Zwiebel schälen, halbieren und im Mixbehälter mit eingesetztem Messbecher **6 Sekunden/Stufe 8** zerkleinern. Die Stücke mit dem Spatel an der Innenwand des Mixbehälters nach unten schieben. Hackfleisch, Ei, Senf, Salz und Pfeffer dazugeben. Das Brötchen kräftig ausdrücken, in den Mixbehälter hinzufügen und mit eingesetztem Messbecher mit der **Teigknet-Taste/1 Minute** gleichmäßig verkneten. Die Masse umfüllen und den Mixbehälter gründlich reinigen.

■ 8 große Rotkohlblätter vorsichtig vom Kohl ablösen und die Blattrippen flach schneiden. Die Kohlblätter waschen, trocken schütteln und übereinander in den tiefen Dampfgaraufsatz legen. Den Mixbehälter mit 1 l kaltem Wasser füllen, den Dampfgaraufsatz verschließen und auf den Mixbehälter aufsetzen. Die Kohlblätter mit der **Dampfgar-Taste/10 Minuten** garen.

■ In der Zwischenzeit die Kartoffeln schälen, waschen, halbieren und in den Kocheinsatz geben.

■ Den Dampfgaraufsatz abnehmen, die Kohlblätter in kaltem Wasser abschrecken und anschließend abtropfen lassen. Kohlblätter portionsweise mit Hackmasse füllen und fest aufrollen, sodass das Hackfleisch gut eingehüllt ist. Eventuell mit Küchengarn umwickeln und in den tiefen Dampfgaraufsatz legen.

■ Den Mixbehälter bis zur 1-Liter-Markierung auffüllen. Den Kocheinsatz einsetzen, den Dampfgaraufsatz verschließen und auf den Mixbehälter aufsetzen. Alles mit der **Dampfgar-Taste** garen.

■ In der Zwischenzeit die rote Zwiebel schälen, halbieren und in dünne Scheiben schneiden.

■ Den Dampfgaraufsatz abnehmen, den Kocheinsatz mithilfe des Spatels aus dem Mixbehälter heben und Rotkohlrouladen und Kartoffeln warm stellen. Den Mixbehälter leeren. Butter und Zwiebelscheiben in den Mixbehälter geben und ohne eingesetzten Messbecher mit der **Anbrat-Taste/3 Minuten** dünsten.

- Mit dem Malzbier ablöschen und ohne eingesetzten Messbecher mit **Linkslauf/ 5 Minuten/130 °C/Stufe 1** köcheln lassen. Speisestärke in 2 Esslöffel kaltem Wasser glatt rühren und in den Mixbehälter geben. Die Sauce ohne eingesetzten Messbecher mit **Linkslauf/2 Minuten/130 °C/Stufe 1** zu Ende garen lassen.
- Die Rotkohlrouladen zusammen mit den Kartoffeln auf vier Tellern anrichten und mit der Sauce zusammen servieren.

Schweinelendchen
IN PILZRAHM MIT KNÖDELN

 Für 4 Portionen   Einfach   Pro Portion ca. 607 kcal/2545 kJ 44 g E, 29 g F, 43 g KH   Fertig in: 46 Min. Zubereitungszeit: 25 Min. (+ 21 Min. Garen)

ZUTATEN

600 g Schweinelende
½ Tl Salz
¼ Tl Pfeffer
350 g Champignons
750 g frischer Kartoffelkloßteig halb und halb
800 ml warme Gemüsebrühe
1 Zwiebel (80 g)
20 g Butter
1 El Speisestärke
200 g Sahne (30 % Fett)
2 El Frischkäse mit Kräutern (Doppelrahmstufe)

AUSSERDEM
2 Stiele glatte Petersilie

■ Die Schweinelende waschen, trocken tupfen und rundherum mit ½ Teelöffel Salz und ¼ Teelöffel Pfeffer würzen. Den tiefen Dampfgaraufsatz mit Backpapier auslegen und das Fleisch hineingeben. Die Champignons putzen, halbieren, in Scheiben schneiden und locker neben dem Schweinefilet verteilen.

■ Aus dem Kloßteig 8 gleichgroße Klöße formen und gleichmäßig im flachen Dampfgareinsatz verteilen.

■ Die warme Gemüsebrühe in den Mixbehälter geben. Den tiefen Dampfgaraufsatz aufsetzen, den flachen Dampfgareinsatz einhängen, verschließen und Fleisch, Champignons und Klöße mit der **Dampfgar-Taste/15 Minuten** garen.

■ Den Dampfgaraufsatz abnehmen, beiseitestellen und den Mixbehälter leeren. Dabei 200 ml Gemüsebrühe auffangen.

■ Die Zwiebel schälen, halbieren und im Mixbehälter mit eingesetztem Messbecher **8 Sekunden/Stufe 6** zerkleinern. Die Stücke mit dem Spatel an der Innenwand des Mixbehälters nach unten schieben. Die Butter hinzufügen und ohne eingesetzten Messbecher **3 Minuten/100 °C/Stufe 1** andünsten. Die Speisestärke in 1 Esslöffel kaltem Wasser auflösen. Aufgefangene Brühe, Sahne, Frischkäse und Stärkelösung in den Mixbehälter geben und ohne eingesetzten Messbecher **3 Minuten/95 °C/Stufe 2** erhitzen. Die gegarten Champignons dazugeben und mit eingesetztem Messbecher mit **Linkslauf/35 Sekunden/Stufe 2** unterrühren.

■ Die Petersilie waschen, trocken schütteln und fein hacken. Die Schweinelende portionsweise aufschneiden. Die Klöße mit der gehackten Petersilie bestreuen und mit der Schweinelende und der Champignonrahmsauce servieren.

Hirse-Hack-Topf

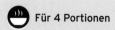 Für 4 Portionen Einfach

Pro Portion ca. 537 kcal/2247 kJ
35 g E, 26 g F, 41 g KH

Fertig in: 47 Min.
Zubereitungszeit: 20 Min.
(+ 27 Min. Garen)

ZUTATEN

1 Knoblauchzehe
2 El Olivenöl
500 g Rinderhackfleisch
200 g Champignons
200 g passierte Tomaten
  aus der Dose
200 g warme Gemüsebrühe
½ Tl Salz
¼ Tl Pfeffer
1 Tl getrockneter Oregano
200 g Hirse
1 Zucchini (150 g)
1 rote Paprikaschote (150 g)

AUSSERDEM

4 Frühlingszwiebeln (80 g)

■ Den Knoblauch schälen und im Mixbehälter mit eingesetztem Messbecher **6 Sekunden/Stufe 8** zerkleinern. Die Stücke mit dem Spatel an der Innenwand des Mixbehälters nach unten schieben. 1 Esslöffel Olivenöl hinzufügen und ohne eingesetzten Messbecher mit der **Anbrat-Taste/2 Minuten** dünsten. Das Hackfleisch in den Mixbehälter dazugeben und ohne eingesetzten Messbecher mit der **Anbrat-Taste** anbraten.

■ Die Champignons putzen, halbieren, in Scheiben schneiden und in den Mixbehälter geben. Passierte Tomaten, warme Gemüsebrühe, Salz, Pfeffer und Oregano dazugeben.

■ Die Hirse in ein Sieb geben und mit klarem Wasser spülen. Ein Stück Backpapier anfeuchten und in den Kocheinsatz geben, sodass der Rand mit abgedeckt ist. Einige Löcher einstechen, überstehendes Papier abschneiden. Die gewaschene Hirse hineingeben und 1 Esslöffel Olivenöl unterrühren.

■ Zucchini und Paprikaschote putzen, waschen, halbieren, vierteln und in mundgerechte Stücke schneiden. Das Gemüse zur Hirse geben. Den Kocheinsatz in den Mixbehälter einsetzen und mit eingesetztem Messbecher mit **Linkslauf/18 Minuten/120 °C/Stufe 1** garen.

■ Währenddessen die Frühlingszwiebeln putzen, waschen und in Ringe schneiden.

■ Nach der Garzeit den Kocheinsatz mithilfe des Spatels aus dem Mixbehälter heben und die Hirse auf Tellern anrichten. Die Hackfleischsauce nochmals abschmecken, zur Hirse geben und mit Frühlingszwiebeln bestreut servieren.

Putenröllchen
MIT TOMATENPESTO, GNOCCHI & ZUCCHINI

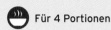 Für 4 Portionen   Einfach 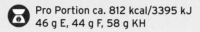 Pro Portion ca. 812 kcal/3395 kJ
46 g E, 44 g F, 58 g KH  Fertig in: 50 Min.
Zubereitungszeit: 25 Min.
(+ 25 Min. Garen)

ZUTATEN

2 Zucchini (400 g)
4 Putenschnitzel à 120 g
1 Tl Salz
½ Tl Pfeffer
1 Glas Tomatenpesto (190 g, FP)
4 Scheiben Kochschinken
600 g frische Gnocchi
1 El Speisestärke
200 g Sahne (30 % Fett)
1 El italienische Kräuter (TK)

AUSSERDEM
Küchengarn

- Zucchini putzen, waschen, halbieren, vierteln und in Stifte schneiden. 4 Zucchini-stifte beiseitelegen, die restlichen in den Kocheinsatz geben.
- Die Putenschnitzel waschen, trocken tupfen und bei Bedarf mithilfe eines Fleischklopfers flach klopfen. Die Schnitzel mit Salz und Pfeffer würzen. Jeweils mit 1 Teelöffel Pesto bestreichen mit 1 Scheibe Schinken belegen und 1 Stück Zucchini auflegen. Nun von einer Seite her aufrollen, mit Küchengarn verschließen und in den tiefen Dampfgaraufsatz legen. 800 ml kaltes Wasser in den Mixbehälter geben, den Dampfgaraufsatz aufsetzen, verschließen und mit der **Dampfgar-Taste** garen.
- In der Zwischenzeit die frischen Gnocchi im flachen Dampfgareinsatz verteilen. 12 Minuten vor Ende der Garzeit den flachen Dampfgareinsatz vorsichtig in den Dampfgaraufsatz einhängen, verschließen und zu Ende garen.
- Den Dampfgaraufsatz abheben und Putenröllchen und Gnocchi warm stellen. Den Mixbehälter leeren und ausspülen. Die Speisestärke mit 1 Esslöffel Sahne glatt rühren. Gelöste Speisestärke, restliche Sahne, Kräuter und 3 Esslöffel Tomatenpesto in den Mixbehälter geben und ohne eingesetzten Messbecher **5 Minuten/100 °C/Stufe 2** aufkochen. Mit Salz und Pfeffer abschmecken.
- Die Putenröllchen mit den Gnocchi und der Sauce servieren.

TIPP

Dazu schmecken auch
andere Frischnudeln,
wie z. B. Bandnudeln.

Gyros

MIT KRITHARAKI-NUDELN UND WARMEM TOMATENSALAT

 Für 4 Portionen   Einfach Pro Portion ca. 695 kcal/2908 kJ
46 g E, 32 g F, 55 g KH Fertig in: 51 Min.
Zubereitungszeit: 15 Min.
(+ 36 Min. Garen)

ZUTATEN

1 rote Zwiebel (80 g)

1 El Olivenöl

500 g Gyros, küchenfertig
gewürzt

700 ml warme Gemüsebrühe

250 g Kritharaki-Nudeln

3 Tomaten (250 g)

1 rote Paprikaschote (150 g)

200 g Feta (45 % Fett)

½ Tl Salz

¼ Tl Pfeffer

3 El Tomatenmark

2 El Kräuterfrischkäse
(Doppelrahmstufe)

1 El Speisestärke

AUSSERDEM

3 Frühlingszwiebeln (60 g)

■ Die Zwiebel schälen, halbieren und im Mixbehälter mit eingesetztem Messbecher **8 Sekunden/Stufe 6** zerkleinern. In eine Schüssel umfüllen und beiseitestellen.

■ Olivenöl und Gyros in den Mixbehälter geben und ohne eingesetzten Messbecher mit der **Anbrat-Taste** anbraten. Gemüsebrühe bis zur 1 Liter-Markierung in den Mixbehälter geben. Den Kocheinsatz einsetzen, die Kritharaki-Nudeln hineingeben. Den tiefen Dampfgaraufsatz aufsetzen, verschließen und mit der **Dampfgar-Taste/26 Minuten** garen.

■ Die Tomaten waschen, vierteln, entkernen und grob würfeln. Die Paprikaschote vierteln, putzen, innen und außen waschen und ohne Stielansatz in etwa 2 cm große Stücke schneiden. Feta grob würfeln und zu der zerkleinerten Zwiebel in die Schüssel geben. Mit Salz und Pfeffer würzen, gründlich vermengen und 5 Minuten vor Ende der Garzeit des Gyros vorsichtig in den tiefen Dampfgaraufsatz geben. Den Dampfgaraufsatz wieder verschließen und das Gyros zu Ende garen.

■ Den Dampfgaraufsatz abnehmen, den Kocheinsatz mithilfe des Spatels aus dem Mixbehälter heben und beides beiseitestellen. Tomatenmark und Kräuterfrischkäse in den Mixbehälter geben. Die Speisestärke in 1 Esslöffel kaltem Wasser anrühren, ebenfalls dazugeben und alles ohne eingesetzten Messbecher mit **Linkslauf/3 Minuten/100 °C/Stufe 2** aufkochen. Mit Salz und Pfeffer abschmecken.

■ In der Zwischenzeit die Frühlingszwiebeln putzen, waschen, trocken schütteln und in Ringe schneiden. Gyros, Kritharaki-Nudeln und den lauwarmen Tomatensalat auf einem Teller anrichten und mit den Frühlingszwiebelringen bestreut servieren.

Schinkenbraten
MIT GRÜNEN BOHNEN

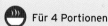 Für 4 Portionen

 Einfach

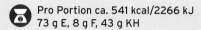 Pro Portion ca. 541 kcal/2266 kJ
73 g E, 8 g F, 43 g KH

Fertig in: 1 Std. 43 Min.
Zubereitungszeit: 20 Min.
(+ 1 Std. 23 Min. Garen)

ZUTATEN

1,2 kg Schweinenuss
1 El Senf
1 ½ Tl Salz
1 Tl Pfeffer
1,2 l warme Gemüsebrühe
2 Möhren (120 g)
1 Kartoffel (90 g)
¼ Knollensellerie (150 g)
12 kleine Kartoffeln (Drillinge)
   (750 g)
300 g grüne Bohnen
1 El Speisestärke

■ Schweinenuss waschen, trocken tupfen, mit 1 Esslöffel Senf, 1 Teelöffel Salz und ½ Teelöffel Pfeffer einreiben und in den tiefen Dampfgaraufsatz setzen. Die warme Gemüsebrühe in den Mixbehälter geben. Möhren, Kartoffel und Knollensellerie schälen, waschen, grob würfeln und dazugeben. Den Dampfgaraufsatz aufsetzen, verschließen und mit **Linkslauf/60 Minuten/120 °C/Stufe 1** garen.

■ Die kleinen Kartoffeln waschen und in den Kocheinsatz geben. Die Bohnen putzen, waschen und um den Schweinebraten herum in den tiefen Dampfgaraufsatz geben. Den Kocheinsatz in den Mixbehälter einsetzen, Dampfgaraufsatz aufsetzen, verschließen und mit **Linkslauf/20 Minuten/120 °C/Stufe 1** garen.

■ Den Dampfgaraufsatz abnehmen, den Kocheinsatz mithilfe des Spatels entnehmen und beides warm stellen. Den Mixbehälter leeren, dabei die Brühe und das Gemüse auffangen. 250 ml Brühe und das Gemüse zurück in den Mixbehälter geben und mit eingesetztem Messbecher **20 Sekunden/Stufe 8** pürieren. ½ Teelöffel Salz, ½ Teelöffel Pfeffer und die in 3 Esslöffel Wasser aufgelöste Speisestärke in den Mixbehälter geben. Alles ohne eingesetzten Messbecher **3 Minuten/95 °C/Stufe 1** aufkochen.

■ Den Braten in Scheiben schneiden, mit Bohnen, Kartoffeln und Sauce anrichten und servieren.

Hackbällchen
MIT RAHMGEMÜSE

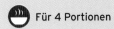 Für 4 Portionen   Mittel   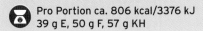 Pro Portion ca. 806 kcal/3376 kJ
39 g E, 50 g F, 57 g KH   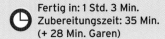 Fertig in: 1 Std. 3 Min.
Zubereitungszeit: 35 Min.
(+ 28 Min. Garen)

ZUTATEN

1 Brötchen vom Vortag
1 Zwiebel (80 g)
500 g gemischtes Hackfleisch
1 Tl Salz
½ Tl Pfeffer
1 El + 1 Tl Senf
7 festkochende Kartoffeln
   (650 g)
1 l warme Gemüsebrühe
4 Möhren (250 g)
½ Kohlrabi (150 g)
150 g Champignons
250 g Erbsen (TK)
1 Schalotte (35 g)
40 g Butter
40 g Mehl (Type 405)
200 g Sahne (30 % Fett)
frisch geriebene Muskatnuss
   zum Abschmecken

■ Das Brötchen in kaltem Wasser einweichen. Die Zwiebel schälen, halbieren und im Mixbehälter mit eingesetztem Messbecher **8 Sekunden/Stufe 6** zerkleinern. Die Stücke mit dem Spatel an der Innenwand des Mixbehälters nach unten schieben. Hackfleisch, Salz, Pfeffer und 1 Teelöffel Senf in den Mixbehälter geben. Das Brötchen kräftig ausdrücken, hinzufügen und mit eingesetztem Messbecher mit der **Teigknet-Taste/1 Minute** gleichmäßig verkneten. Den flachen Dampfgareinsatz mit Backpapier auslegen, dabei einige Schlitze frei lassen. Aus der Hackmasse 16 Bällchen formen und im flachen Dampfgareinsatz verteilen.

■ Die Kartoffeln schälen, waschen, halbieren, ggf. vierteln und in den Kocheinsatz geben. Die warme Gemüsebrühe in den Mixbehälter füllen und den Kocheinsatz einsetzen. Möhren schälen und in Scheiben schneiden. Kohlrabi schälen und in Stifte schneiden. Champignons putzen und vierteln. Möhren, Kohlrabi, Champignons und Erbsen gleichmäßig im tiefen Dampfgaraufsatz verteilen. Den flachen Dampfgareinsatz einhängen, verschließen und den Dampfgaraufsatz auf den Mixbehälter aufsetzen. Alles mit der **Dampfgar-Taste** garen.

■ Den Dampfgaraufsatz abnehmen, den Kocheinsatz mithilfe des Spatels aus dem Mixbehälter heben und beides beiseitestellen. Die Gemüsebrühe abschütten und dabei 250 ml auffangen.

■ Die Schalotte schälen, halbieren und im Mixbehälter mit eingesetztem Messbecher **8 Sekunden/Stufe 6** zerkleinern. Die Stücke mit dem Spatel an der Innenwand des Mixbehälters nach unten schieben. Die Butter hinzufügen und ohne eingesetzten Messbecher mit der **Anbrat-Taste/3 Minuten** andünsten.

Das Mehl in den Mixbehälter hinzufügen und ohne eingesetzten Messbecher mit der **Anbrat-Taste/2 Minuten** anschwitzen. Die aufgefangene Brühe, Sahne und 1 Esslöffel Senf in den Mixbehälter geben und ohne eingesetzten Messbecher **3 Minuten/ 100 °C/Stufe 1** aufkochen. Die Sauce mit Salz, Pfeffer und Muskatnuss kräftig abschmecken.

- Gemüse, Kartoffeln und Hackbällchen auf tiefe Teller verteilen, die Sauce darübergeben und servieren.

Butterchicken
MIT NAAN BROT

 Für 4 Portionen   Einfach 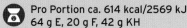 Pro Portion ca. 614 kcal/2569 kJ 64 g E, 20 g F, 42 g KH Fertig in: 1 Std. 37 Min. Zubereitungszeit: 15 Min. (+ 22 Min. Garen, 1 Std. Marinieren)

ZUTATEN

2 El Tandoori-Gewürz
1 El Graham Marsala-Gewürz
3 El Tomatenmark
300 g Joghurt (10 % Fett)
800 g Hähncheninnenfilet
1 Knoblauchzehe
2 El Butter
250 g passierte Tomaten
500 ml warme Hühnerbrühe
½ Tl Salz
2 Msp. Cayennepfeffer
4–8 Naan Brote

■ Gewürze, Tomatenmark und 150 g Joghurt in eine Schüssel geben, gut verrühren und in einen Gefrierbeutel umfüllen. Die Hähncheninnenfilets waschen und sorgfältig trocken tupfen. Anschließend das Fleisch zur Joghurt-Marinade dazugeben, den Beutel verschließen, gut durchkneten und mindestens 1 Stunde im Kühlschrank marinieren lassen.

■ Die Knoblauchzehe schälen und im Mixbehälter mit eingesetztem Messbecher **8 Sekunden/Stufe 6** zerkleinern. Die Stücke mit dem Spatel an der Innenwand des Mixbehälters nach unten schieben. Die Butter hinzufügen und ohne eingesetzten Messbecher mit der **Anbrat-Taste/2 Minuten** dünsten.

■ Die Hähncheninnenfilets mit der Marinade in den Mixbehälter geben. Restlichen Joghurt, passierte Tomaten, warme Hühnerbrühe, Salz und Cayennepfeffer hinzugeben und ohne eingesetzten Messbecher mit **Linkslauf/20 Minuten/ 100 °C/Stufe 1** garen.

■ Das Butterchicken mit Naan Brot servieren.

Putenrollbraten
MIT GEMÜSE

 Für 4 Portionen

 Einfach

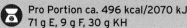 Pro Portion ca. 496 kcal/2070 kJ
71 g E, 9 g F, 30 g KH

Fertig in: 56 Min.
Zubereitungszeit: 30 Min.
(+ 26 Min. Garen)

ZUTATEN

1 kg Putenbrust
4 El Senf
1 Tl Salz
½ Tl Pfeffer
4 Frühlingszwiebeln (80 g)
100 g Champignons
6 festkochende Kartoffeln
(500 g)
500 g Brokkoli- und Blumenkohl
1 l warme Gemüse- oder
Hühnerbrühe
2 El Kräuterfrischkäse
(Doppelrahmstufe)
1 El Speisestärke

AUSSERDEM
Küchengarn

■ Die Putenbrust waschen, trocken tupfen und flach aufschneiden, sodass ein großes flaches Stück entsteht. Mit 2 Esslöffel Senf einstreichen und mit ½ Teelöffel Salz und ¼ Teelöffel Pfeffer würzen. Die Frühlingszwiebeln waschen, putzen und in Ringe schneiden. Die Champignons putzen, halbieren und in Scheiben schneiden. Frühlingszwiebeln und Pilze in der Mitte des Fleischs verteilen. Das Fleisch eng einrollen und mit Küchengarn verschnüren. Mit ½ Teelöffel Salz und ¼ Teelöffel Pfeffer einreiben und in den tiefen Dampfgaraufsatz setzen.

■ Die Kartoffeln schälen, waschen, halbieren und in den Kocheinsatz geben. Brokkoli und Blumenkohl putzen, Röschen abteilen, waschen und im flachen Dampfgareinsatz verteilen. Die warme Gemüsebrühe in den Mixbehälter geben und Kocheinsatz einsetzen. Den tiefen Dampfgaraufsatz aufsetzen, den flachen Dampfgareinsatz in den tiefen Dampfgaraufsatz einhängen, verschließen und mit der **Dampfgar-Taste** garen.

■ Den Dampfgaraufsatz abnehmen, den Kocheinsatz entnehmen und beides warm stellen. Den Mixbehälter leeren, dabei die Brühe auffangen. 250 ml der aufgefangenen Brühe in den Mixbehälter zurückfüllen. Kräuterfrischkäse und 2 Esslöffel Senf hinzufügen und ohne eingesetzten Messbecher **3 Minuten/95 °C/Stufe 2** aufkochen. Die Speisestärke mit 3 Esslöffel Wasser glatt rühren, dazugeben und ohne eingesetzten Messbecher weitere **3 Minuten/95 °C/Stufe 2** aufkochen.

■ Das Fleisch in Scheiben schneiden, mit Kartoffeln und Gemüse auf Tellern anrichten und die Sauce dazureichen.

Kalbsfilet
MIT SAUCE BÉARNAISE UND GEMÜSE

 Für 4 Portionen Einfach Pro Portion ca. 851 kcal/3567 kJ 63 g E, 53 g F, 25 g KH Fertig in: 1 Std. 10 Min. Zubereitungszeit: 30 Min. (+ 40 Min. Garen)

ZUTATEN

1 Schalotte (45 g)
5 Stiele Estragon
5 Pfefferkörner
125 g Weißwein
35 g Weißweinessig
1 kg Kalbsfilet oder Kalbsrücken
1 ½ Tl Salz
½ Tl Pfeffer
750 g grüner Spargel
6 festkochende Kartoffeln
 (500 g)
1 l warme Gemüsebrühe
200 g Butter
4 Eigelb (Größe M)

■ Die Schalotte schälen, halbieren und im Mixbehälter mit eingesetztem Messbecher **6 Sekunden/Stufe 8** zerkleinern. Die Stücke mit dem Spatel an der Innenwand des Mixbehälters nach unten schieben. Estragon waschen, trocken schütteln, Blättchen abzupfen und die Hälfte in den Mixbehälter geben. Pfefferkörner, Weißwein und Weißweinessig dazugeben und ohne eingesetzten Messbecher **10 Minuten/120 °C/Stufe 1** köcheln lassen. Anschließend den Sud durch ein Sieb abgießen und abkühlen lassen.

■ Das Kalbsfilet mit 1 Teelöffel Salz und ¼ Teelöffel Pfeffer würzen und in den tiefen Dampfgaraufsatz legen. Den Spargel waschen, im unteren Drittel schälen und die holzigen Enden abschneiden. Den flachen Dampfgareinsatz in den Dampfgaraufsatz einhängen und den Spargel darauf verteilen.

■ Die Kartoffeln schälen, waschen, halbieren und in den Kocheinsatz geben. Die warme Gemüsebrühe in den Mixbehälter füllen, den Kocheinsatz in den Mixbehälter einsetzen, den Dampfgaraufsatz aufsetzen, verschließen und mit der **Dampfgar-Taste/18 Minuten** garen.

■ Den Dampfgaraufsatz abnehmen, den Kocheinsatz entnehmen und beides warm stellen. Den Mixbehälter leeren.

■ Die Butter in Stücken in den Mixbehälter geben und mit eingesetztem Messbecher **4 Minuten/70 °C/Stufe 2** schmelzen. Anschließend umfüllen. Den Rühraufsatz einsetzen, den abgekühlten Sud, Eigelb, ½ Teelöffel Salz und ¼ Teelöffel Pfeffer in den Mixbehälter geben und mit eingesetztem Messbecher **8 Minuten/70 °C/Stufe 3** erhitzen. 5 Minuten vor Ende der Garzeit die geschmolzene Butter langsam auf den Deckel des Mixbehälters geben, sodass die Butter unter dem Messbechereinsatz in den Mixbehälter läuft.

- Den Rühraufsatz entnehmen. Den restlichen Estragon fein hacken und in den Mixbehälter geben und mit eingesetztem Messbecher **25 Sekunden/Stufe 2** unterrühren.
- Das Fleisch in Scheiben schneiden, mit Kartoffeln und Spargel auf Tellern anrichten und die Sauce béarnaise dazureichen.

TIPP
Das Kalbsfilet schmeckt auch mit anderem Frühlingsgemüse wie Kohlrabi oder jungen Möhren.

Hackbällchen Stroganoff

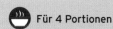 Für 4 Portionen   Einfach   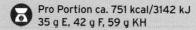 Pro Portion ca. 751 kcal/3142 kJ 35 g E, 42 g F, 59 g KH   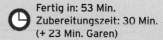 Fertig in: 53 Min. Zubereitungszeit: 30 Min. (+ 23 Min. Garen)

ZUTATEN

½ Bund Petersilie

1 Zwiebel (80 g)

400 g Champignons

500 g frische Bratwurst

500 g frische Bandnudeln
   oder Tagliatelle

600 ml warme Gemüsebrühe

50 g Crème fraîche (30 % Fett)

15 g Speisestärke

2 Dillgurken

50 ml Gurkensud

Salz + Pfeffer zum Abschmecken

■ Petersilie waschen, trocken schütteln, die Blättchen von den Stielen zupfen und in den Mixbehälter geben. Mit eingesetztem Messbecher **8 Sekunden/Stufe 6** zerkleinern. Anschließend umfüllen und den Mixbehälter ausspülen.

■ Die Zwiebel schälen, halbieren und im Mixbehälter mit eingesetztem Messbecher **8 Sekunden/Stufe 6** zerkleinern. Champignons putzen, in Scheiben schneiden und in den Mixbehälter geben. Bei den Bratwürstchen das Brät aus der Pelle drücken und 16 kleine Bällchen formen. Diese im tiefen Dampfgaraufsatz verteilen.

■ Die frischen Bandnudeln aufgelockert im flachen Dampfgareinsatz verteilen. Die warme Gemüsebrühe in den Mixbehälter geben. Den Dampfgaraufsatz aufsetzen, den flachen Dampfgareinsatz einhängen, verschließen und mit **Linkslauf/20 Minuten/120 °C/Stufe 2** dampfgaren.

■ Anschließend die Dampfgaraufsätze zur Seite stellen. 350 ml Brühe vorsichtig abgießen. Crème fraîche zu der restlichen Brühe und den Champignons in den Mixbehälter geben. Speisestärke mit 3 Esslöffel kaltem Wasser glatt rühren und hinzufügen. Die Gurken würfeln und zusammen mit dem Gurkensud und der Petersilie in den Mixbehälter geben. Die Sauce ohne eingesetztem Messbecher mit **Linkslauf/3 Minuten/100 °C/Stufe 2** aufkochen. Die Sauce mit Salz und Pfeffer abschmecken.

■ Die Klößchen mit der Sauce vermengen und zusammen mit den Bandnudeln servieren.

Fisch
verliebt

FISCH
& MEERESFRÜCHTE

Kabeljau
MIT FENCHEL UND KARTOFFELN

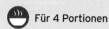 Für 4 Portionen   Einfach   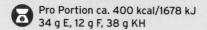 Pro Portion ca. 400 kcal/1678 kJ
34 g E, 12 g F, 38 g KH   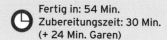 Fertig in: 54 Min.
Zubereitungszeit: 30 Min.
(+ 24 Min. Garen)

ZUTATEN

1 Schalotte (35 g)

3 El Butter

2 Fenchelknollen (500 g)

600 g Kabeljau, in 4 Stücke
  geschnitten

¼ Tl + 3 Prisen Salz

2 Msp. + 2 Prisen Pfeffer

8 festkochende Kartoffeln
  (750 g)

800 ml warme Gemüsebrühe

1 Tl Meerrettich aus dem Glas

1 El Frischkäse (Doppelrahmstufe)

Saft von ½ Zitrone

1 El Speisestärke

- Die Schalotte schälen, halbieren und im Mixbehälter mit eingesetztem Messbecher **8 Sekunden/Stufe 6** zerkleinern. Die Stücke mit dem Spatel an der Innenwand des Mixbehälters nach unten schieben. 1 Esslöffel Butter hinzufügen und ohne eingesetzten Messbecher mit der **Anbrat-Taste/3 Minuten** glasig dünsten.

- Den Fenchel putzen, das Fenchelgrün fein hacken und beiseitestellen. Die Fenchelknollen in Scheiben schneiden, im tiefen Dampfgaraufsatz verteilen und 2 Esslöffel Butter darauf verteilen.

- Den flachen Dampfgareinsatz so mit Backpapier auslegen, dass noch einige Schlitze frei bleiben. Den Kabeljau waschen, trocken tupfen, auf Gräten prüfen und in den flachen Dampfgareinsatz legen. Mit ¼ Teelöffel Salz und 2 Messerspitzen Pfeffer würzen.

- Die Kartoffeln schälen, waschen, halbieren oder vierteln und in den Kocheinsatz geben. Die warme Gemüsebrühe in den Mixbehälter geben. Den Kocheinsatz in den Mixbehälter einsetzen. Den flachen Dampfgareinsatz in den tiefen Dampfgaraufsatz einhängen, diesen auf den Mixbehälter aufsetzen und verschließen. Alles mit **Linkslauf/18 Minuten/120 °C/Stufe 1** garen.

- Den Dampfgaraufsatz abnehmen und den Kocheinsatz mithilfe des Spatels aus dem Mixbehälter heben. Fisch, Gemüse und Kartoffeln warm stellen. Den Mixbehälter leeren, dabei 250 ml Gemüsebrühe auffangen und wieder in den Mixbehälter geben. Meerrettich, Frischkäse, Zitronensaft, 3 Prisen Salz, 2 Prisen Pfeffer und das gehackte Fenchelgrün dazugeben. Die Speisestärke mit 1 Esslöffel kaltem Wasser glatt rühren und dazugeben. Die Sauce ohne eingesetzten Messbecher mit **Linkslauf/3 Minuten/100 °C/Stufe 1** aufkochen.

- Den Fisch mit den Kartoffeln und dem Fenchelgemüse anrichten und mit der Sauce servieren.

Penne

MIT SPINAT-LACHS-SAUCE

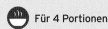 Für 4 Portionen   Einfach   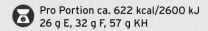 Pro Portion ca. 622 kcal/2600 kJ
26 g E, 32 g F, 57 g KH   Fertig in: 38 Min.
Zubereitungszeit: 20 Min.
(+ 18 Min. Garen)

ZUTATEN

250 g Blattspinat (TK)
1 Knoblauchzehe
1 Schalotte (35 g)
20 g Butter
650 ml lauwarme Gemüsebrühe
200 g Sahne (30 % Fett)
3 Prisen Salz
¼ Tl Pfeffer
300 g Penne
1 El Tomate-Chili-Frischkäsezubereitung (Doppelrahmstufe)
250 g Lachsfilet

■ Den Blattspinat in einem Sieb auftauen lassen.

■ Knoblauch schälen, Schalotte schälen, halbieren und beides im Mixbehälter mit eingesetztem Messbecher **8 Sekunden/Stufe 6** zerkleinern. Die Stücke mit dem Spatel an der Innenwand des Mixbehälters nach unten schieben. Die Butter hinzufügen und alles ohne eingesetzten Messbecher **3 Minuten/100 °C/Stufe 1** andünsten.

■ Lauwarme Gemüsebrühe, Sahne, Salz und Pfeffer in den Mixbehälter geben und mit eingesetztem Messbecher **5 Minuten/100 °C/Stufe 1** erhitzen. Die Nudeln, den Spinat und die Tomate-Chili-Frischkäsezubereitung hinzufügen, mit dem Spatel unterrühren und mit eingesetztem Messbecher mit **Linkslauf/Zeit nach Packungsangabe der Nudeln/100 °C/Stufe 1** köcheln lassen.

■ Das Lachsfilet waschen, trocken tupfen und in 3 Zentimeter große Würfel schneiden. Die Würfel 5 Minuten vor Ende der Garzeit durch die Einfüllöffnung in den Mixbehälter geben. Den Messbechereinsatz wieder einsetzen und die Penne zu Ende garen. Die Penne mit Salz und Pfeffer abschmecken und servieren.

Fisch-Gemüse-Spieße
MIT REIS

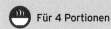 Für 4 Portionen   Einfach   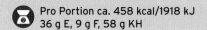 Pro Portion ca. 458 kcal/1918 kJ
36 g E, 9 g F, 58 g KH   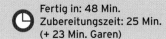 Fertig in: 48 Min.
Zubereitungszeit: 25 Min.
(+ 23 Min. Garen)

ZUTATEN

600 g Viktoriabarschfilet
½ Tl Salz
¼ Tl Pfeffer
1 Zucchini (150 g)
1 rote Paprikaschote (150 g)
16 Kirschtomaten
250 g Parboiled Reis
  (Kochzeit: 18 Min.)
800 ml warme Gemüsebrühe
50 g Kräuterfrischkäse
  (Doppelrahmstufe)
1 El gehackter Dill (TK)
1 Spritzer Zitronensaft
1 El Speisestärke

AUSSERDEM
8 Schaschlikspieße

■ Fischfilets waschen, trocken tupfen und in mundgerechte Stücke schneiden. Mit 2 Prisen Salz und 2 Prisen Pfeffer würzen. Zucchini putzen, waschen, halbieren und in mundgerechte Stücke schneiden. Die Paprikaschote halbieren, putzen, innen und außen waschen und in mundgerechte Stücke schneiden. Die Kirschtomaten waschen und trocken tupfen.

■ Eine Kirschtomate auf den Spieß stecken und nun abwechselnd Fisch und Gemüse aufstecken und mit einer weiteren Kirschtomate abschließen. Mit den restlichen 7 Spießen ebenso verfahren. Die Spieße im tiefen Dampfgaraufsatz und flachen Dampfgareinsatz verteilen.

■ Den Reis in den Kocheinsatz geben und diesen in den Mixbehälter einsetzen. Die warme Gemüsebrühe über den Reis in den Mixbehälter gießen. Den tiefen Dampfgaraufsatz aufsetzen. Den flachen Dampfgareinsatz in den Dampfgaraufsatz einhängen und verschließen. Alles mit der **Dampfgar-Taste/18 Minuten** garen.

■ Den Dampfgaraufsatz abheben, Kocheinsatz mithilfe des Spatels entnehmen und Fisch-Spieße und Reis warm stellen. Den Mixbehälter leeren, dabei die Brühe auffangen und davon 250 ml wieder in den Mixbehälter geben. Kräuterfrischkäse, Dill, restlichen Salz und Pfeffer und den Zitronensaft dazugeben. Die Speisestärke mit 3 Esslöffel Wasser glatt rühren und ebenfalls in den Mixbehälter geben. Alles ohne eingesetzten Messbecher **5 Minuten/95 °C/Stufe 1** aufkochen.

■ Die Fisch-Gemüse-Spieße mit Reis und Sauce anrichten und servieren.

Pasta
MIT ZITRONEN-KRÄUTER-GARNELEN

 Für 4 Portionen   Einfach   Pro Portion ca. 593 kcal/2482 kJ
24 g E, 26 g F, 66 g KH   Fertig in: 36 Min.
Zubereitungszeit: 15 Min.
(+ 21 Min. Garen)

ZUTATEN

1 Knoblauchzehe

1 Schalotte (35 g)

20 g Butter

550 ml lauwarme Gemüsebrühe

100 g Sahne (30 % Fett)

100 ml Milch (Frischmilch,
   3,5 % Fett)

1 Tl Salz

100 g Kräuterfrischkäse
   (Doppelrahmstufe)

350 g Hörnchennudeln

200 g geschälte Garnelen (TK)

1 El Zitronensaft

1 Tl Kräuter der Provence

½ Tl Pfeffer

■ Knoblauch und Schalotte schälen, Schalotte halbieren und beides im Mixbehälter mit eingesetztem Messbecher **8 Sekunden/Stufe 6** zerkleinern. Die Stücke mit dem Spatel an der Innenwand des Mixbehälters nach unten schieben. Die Butter in Stücken hinzufügen und ohne eingesetzten Messbecher **3 Minuten/100 °C/ Stufe 1** andünsten.

■ Lauwarme Gemüsebrühe, Sahne, Milch und Salz in den Mixbehälter geben und mit eingesetztem Messbecher **5 Minuten/100 °C/Stufe 1** erhitzen. Kräuterfrisch-käse und Nudeln hinzufügen, mit dem Spatel unterrühren und mit eingesetztem Messbecher mit **Linkslauf/Zeit nach Packungsangabe der Nudeln/100 °C/Stufe 1** köcheln lassen. Garnelen, Zitronensaft, Kräuter und Pfeffer hinzugeben und mit eingesetztem Messbecher **3 Minuten/100 °C/Stufe 1** verrühren. Anrichten und servieren.

Lachs mediterran
MIT GEKRÄUTERTEN KARTOFFELN

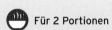 Für 2 Portionen   Einfach   Pro Portion ca. 786 kcal/3292 kJ
66 g E, 40 g F, 40 g KH 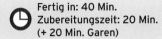 Fertig in: 40 Min.
Zubereitungszeit: 20 Min.
(+ 20 Min. Garen)

ZUTATEN

6 kleine Kartoffeln (Drillinge)
  (450 g)
1 El Olivenöl
1 El Kräuter der Provence
½ Tl grobes Meersalz
450 g Kirschtomaten (Rispen)
1 unbehandelte Zitrone
4 Zweige Rosmarin
600 g Lachsfilet

- Kartoffeln waschen, trocken tupfen und in eine Schüssel geben. Olivenöl, Kräuter der Provence und grobes Meersalz hinzugeben und gut vermengen.
- Den Mixbehälter mit 1 l Wasser füllen. Den tiefen Dampfgaraufsatz aufsetzen, die gekräuterten Kartoffeln darin verteilen. Die Tomaten-Rispen waschen, trocken tupfen und auf den Kartoffeln verteilen.
- Den flachen Dampfgareinsatz mit Backpapier auslegen, dabei darauf achten, dass einige Schlitze frei bleiben. Die Zitrone waschen, trocken reiben, in Scheiben schneiden und dabei 2 Scheiben beiseitelegen. Die restlichen Zitronenscheiben gleichmäßig im flachen Dampfgareinsatz verteilen. Den Rosmarin waschen, trocken schütteln und auf die Zitronenscheiben legen.
- Lachsfilet waschen, trocken tupfen und in 2 Stücke schneiden. Diese auf den Zitronenscheiben und den Kräutern im flachen Dampfgareinsatz verteilen.
- Den flachen Dampfgareinsatz in den tiefen Dampfgaraufsatz einhängen, verschließen und alles mit der **Dampfgar-Taste** garen. Anschließend den Dampfgaraufsatz abheben und Fisch, Tomaten und Kartoffeln auf zwei Tellern verteilen. Die beiseitegelegten Zitronenscheiben halbieren und den Fisch jeweils mit einer halben Zitronenscheibe garnieren.

Zucchini-Risotto
MIT ZANDER

 Für 4 Portionen   Einfach   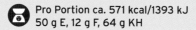 Pro Portion ca. 571 kcal/1393 kJ 50 g E, 12 g F, 64 g KH   Fertig in: 53 Min. Zubereitungszeit: 30 Min. (+ 23 Min. Garen)

ZUTATEN

40 g Parmesan
1 Zwiebel (80 g)
2 El Butter
300 g Risottoreis
   (Kochzeit: 20 Min.)
2 Zucchini (400 g)
1 l heiße Gemüsebrühe
800 g frisches Zanderfilet
Salz + Pfeffer zum Abschmecken
1 Zitrone

■ Parmesan in Stücken in den Mixbehälter geben und mit eingesetztem Messbecher **35 Sekunden/Stufe 10** zerkleinern. Umfüllen und beiseitestellen.

■ Die Zwiebel schälen, halbieren und im Mixbehälter mit eingesetztem Messbecher **8 Sekunden/Stufe 6** zerkleinern. Die Stücke mit dem Spatel an der Innenwand des Mixbehälters nach unten schieben. 1 Esslöffel Butter hinzufügen und ohne eingesetzten Messbecher mit der **Anbrat-Taste/3 Minuten** dünsten. Den Reis in den Mixbehälter hinzufügen und ebenfalls ohne eingesetzten Messbecher mit der **Anbrat-Taste/3 Minuten** dünsten.

■ Zucchini putzen, waschen, längs vierteln und in 1 cm breite Stücke schneiden. Die heiße Gemüsebrühe in den Mixbehälter geben, Zucchini hinzufügen und mithilfe des Spatels umrühren. Den tiefen Dampfgaraufsatz auf den Mixbehälter aufsetzen und mit Backpapier auslegen. Das Zanderfilet waschen, trocken tupfen und einen Teil der Filets im tiefen Dampfgaraufsatz verteilen. Den flachen Dampfgareinsatz einhängen, ebenfalls mit Backpapier auslegen und die restlichen Fischfilets darauf verteilen. Dabei darauf achten, dass genügend Schlitze zur Dampfzirkulation frei bleiben. Den Dampfgaraufsatz verschließen und alles mit **Linkslauf/17 Minuten/100 °C/Stufe 1** garen.

■ Den Dampfgaraufsatz abnehmen. Zerkleinerten Parmesan und 1 Esslöffel Butter in den Mixbehälter geben, den Dampfgaraufsatz wieder aufsetzen und mit **Linkslauf/45 Sekunden/Stufe 2** unterrühren. Das Risotto anschließend mit Salz und Pfeffer abschmecken.

■ Die Zitrone achteln. Den Fisch vor dem Servieren leicht pfeffern und zusammen mit dem Risotto und den Zitronenachteln servieren.

Couscous
MARE E MONTI

 Für 4 Portionen

 Einfach

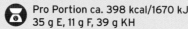 Pro Portion ca. 398 kcal/1670 kJ
35 g E, 11 g F, 39 g KH

Fertig in: 50 Min.
Zubereitungszeit: 20 Min.
(+ 20 Min. Garen + 10 Min. Ziehen)

ZUTATEN

1 Bund Petersilie
1 Knoblauchzehe
25 ml Olivenöl
600 g Frutti di Mare (TK)
250 g Kirschtomaten
1 l warme Gemüsebrühe
200 g Couscous
¼ Tl Salz
¼ Tl Pfeffer
1 Tl Raz el-Hanout

■ Petersilie waschen, trocken schütteln, Blättchen abzupfen und in den Mixbehälter geben. Die Knoblauchzehe schälen, dazugeben und mit eingesetztem Messbecher **8 Sekunden/Stufe 8** zerkleinern. Die Stücke mithilfe des Spatels an der Innenwand des Mixbehälters nach unten schieben. Das Olivenöl in den Mixbehälter zugeben und ohne eingesetzten Messbecher mit der **Anbrat-Taste/2 Minuten** dünsten. Anschließend das Petersilien-Pesto umfüllen und den Mixbehälter ausspülen.

■ Frutti di Mare im tiefen Dampfgaraufsatz verteilen. Die Kirschtomaten waschen und im flachen Dampfgareinsatz verteilen. Die warme Gemüsebrühe in den Mixbehälter geben. Den flachen Dampfgareinsatz in den tiefen Dampfgaraufsatz einhängen. Den Dampfgaraufsatz aufsetzen und mit der **Dampfgar-Taste/18 Minuten** garen.

■ Den Dampfgaraufsatz abheben. Den Mixbehälter leeren und dabei die Brühe auffangen. Couscous in eine Schüssel geben, 300 ml Gemüsebrühe, Salz, Pfeffer und Raz el-Hanout dazugeben, gründlich unterrühren und 10 Minuten ziehen lassen. Zwischendurch zur Auflockerung immer wieder umrühren.

■ Die Frutti di mare in eine vorgewärmte Schüssel geben, das Pesto dazugeben und gut verrühren. Die Tomaten zum Couscous geben und unterheben. Meeresfrüchte mit dem Couscous auf Tellern anrichten und servieren.

Saibling
MIT MANGOSAUCE, GEMÜSE UND CURRYREIS

 Für 4 Portionen Einfach Pro Portion ca. 714 kcal/1995 kJ
57 g E, 20 g F, 74 g KH

Fertig in: 48 Min.
Zubereitungszeit: 30 Min.
(+ 18 Min. Garen)

ZUTATEN

4 Saiblinge
2 frische Mangos (600 g)
½ Tl Salz
¼ Tl Pfeffer
3 Stangen Lauch (480 g)
20 g Butter
250 g Parboiled Reis
   (Kochzeit: 18 Min.)
1 l warme Gemüsebrühe
1 El Currypulver
100 g Crème fraîche
   (30 % Fett)

AUSSERDEM
Küchengarn

- Die Fische abspülen, trocken tupfen und innen mit ¼ Teelöffel Salz und ⅛ Teelöffel Pfeffer würzen.
- Die Mangos schälen, das Fruchtfleisch vom Kern schneiden und dieses in Viertel schneiden. Die Saiblinge mit 1-2 Mangovierteln füllen, mit Küchengarn fixieren und im tiefen Dampfgaraufsatz verteilen. Die restlichen Mangostücke neben dem Fisch verteilen.
- Den Lauch putzen, waschen, in Scheiben schneiden und im flachen Dampfgareinsatz verteilen. Die Butter in Flocken darauf verteilen und mit dem restlichen Salz und Pfeffer würzen.
- Den Reis in den Kocheinsatz geben und diesen in den Mixbehälter einsetzen. Die warme Gemüsebrühe über den Reis in den Mixbehälter gießen. Das Currypulver darüberstreuen und leicht verrühren.
- Den flachen Dampfgareinsatz in den tiefen Dampfgaraufsatz einhängen und auf den Mixbehälter aufsetzen. Verschließen und alles mit der **Dampfgar-Taste/ 18 Minuten** garen.
- Den Dampfgaraufsatz abheben und den Kocheinsatz mithilfe des Spatels aus dem Mixbehälter heben. Den Mixbehälter leeren und die Brühe auffangen. 150 ml Brühe, 4-6 Mangostücke und Crème fraîche in den Mixbehälter geben und mit eingesetztem Messbecher **35 Sekunden/Stufe 5** schaumig aufschlagen. Mit Salz, Pfeffer und Currypulver abschmecken.
- Den Fisch aus dem Dampfgaraufsatz nehmen, Küchengarn entfernen und filetieren. Die Filets auf Tellern mit Gemüse, Reis und Sauce anrichten.

Garnelen
MIT CURRY-KOKOS-REIS

 Für 4 Portionen Einfach Pro Portion ca. 496 kcal/2076 kJ
36 g E, 8 g F, 69 g KH Fertig in: 52 Min.
Zubereitungszeit: 30 Min.
(+ 22 Min. Garen)

ZUTATEN

1 Stück Ingwer (3 cm)
1 Knoblauchzehe
1 El Kokosöl
1 El Sojasauce
2 El Currypulver
400 ml Kokosmilch
300 g Basmatireis
   (Kochzeit: 10 Minuten)
500 ml warme Gemüsebrühe
100 g Zuckerschoten
100 g Champignons
½ Brokkoli (200 g)
2 Möhren (100 g)
500 g Garnelen (TK)
1 El Speisestärke

- Ingwer und Knoblauch schälen und im Mixbehälter mit eingesetztem Messbecher **8 Sekunden/Stufe 6** zerkleinern. Die Stücke mit dem Spatel an der Innenwand des Mixbehälters nach unten schieben. Das Kokosöl hinzufügen und ohne eingesetzten Messbecher mit der **Anbrat-Taste/3 Minuten** dünsten.
- Sojasauce, Currypulver und Kokosmilch in den Mixbehälter geben. Den Kocheinsatz einsetzen und den Reis hineingeben. Die warme Gemüsebrühe über den Reis in den Mixbehälter gießen.
- Den tiefen Dampfgaraufsatz auf den Mixbehälter aufsetzen. Zuckerschoten, Champignons und Brokkoli putzen und 150 g Röschen vom Brokkoli abtrennen. Die Röschen und die Zuckerschoten waschen und abtropfen lassen. Die Möhren schälen und in Scheiben schneiden. Das Gemüse in den tiefen Dampfgaraufsatz geben. Den flachen Dampfgareinsatz einhängen, mit Backpapier auslegen und die Garnelen darauf verteilen. Den Dampfgaraufsatz verschließen und alles mit der **Dampfgar-Taste/16 Minuten** dämpfen.
- Den Dampfgaraufsatz abnehmen, den Kocheinsatz mithilfe des Spatels aus dem Mixbehälter heben und beides beiseitestellen. Die Speisestärke in 1 Esslöffel kaltem Wasser anrühren, in den Mixbehälter geben und ohne eingesetzten Messbecher **3 Minuten/100 °C/Stufe 1** aufkochen.
- Die Garnelen und das Gemüse zusammen mit dem Reis auf einem Teller anrichten, die Sauce darübergeben und servieren.

Fisch-Gemüse-Päckchen

 Für 4 Portionen Einfach | Pro Portion ca. 365 kcal/1529 kJ 36 g E, 10 g F, 33 g KH | Fertig in: 50 Min. Zubereitungszeit: 25 Min. (+ 25 Min. Garen)

ZUTATEN

1 Knoblauchzehe
1 El Butter
200 g Blattspinat (TK), angetaut
½ Tl Salz
¼ Pfeffer
1 Prise frisch geriebene
  Muskatnuss
600 g Kabeljaufilet
16 Kirschtomaten
8 mittelgroße, gegarte Kartoffeln
  vom Vortag
100 g Feta (45 % Fett)
2 El italienische Kräuter (TK)

AUSSERDEM
Küchengarn

- Die Knoblauchzehe schälen und im Mixbehälter mit eingesetztem Messbecher **6 Sekunden/Stufe 8** zerkleinern. Die Stücke mit dem Spatel an der Innenwand des Mixbehälters nach unten schieben. Die Butter hinzufügen und ohne eingesetzten Messbecher mit der **Anbrat-Taste/2 Minuten** dünsten. Den angetauten Blattspinat, je 1 Prise Salz, Pfeffer und Muskatnuss in den Mixbehälter dazugeben und ohne eingesetzten Messbecher mit der **Anbrat-Taste/5 Minuten** dünsten.
- Den Kabeljau waschen, trocken tupfen und in mundgerechte Stücke schneiden. Die Filets mit 2 Prisen Salz und 2 Prisen Pfeffer würzen. Die Kirschtomaten waschen, trocken tupfen und halbieren.
- 2 Bögen Backpapier in 8 gleichgroße Stücke schneiden. Die Kartoffeln in Scheiben schneiden und nebeneinander in die Mitte der Backpapierstücke legen. Spinat und halbierte Tomaten darauf verteilen. Den Feta würfeln und ebenfalls darauf verteilen. Nun die Fischfilets darauflegen und mit Kräutern bestreuen.
- Das Backpapier mittig übereinanderlegen, die Seiten falten und die Päckchen mit Küchengarn fixieren. Die Päckchen im tiefen Dampfgaraufsatz und im flachen Dampfgareinsatz verteilen. Den Mixbehälter bis zur 1-Liter-Markierung mit Wasser füllen, den flachen Dampfgareinsatz in den tiefen Dampfgaraufsatz einhängen, auf den Mixbehälter aufsetzen, verschließen und mit der **Dampfgar-Taste/18 Minuten** garen.
- Anschließend die Päckchen aus den Dampfgaraufsätzen nehmen, auf Tellern anrichten und servieren. Dazu passt ein bunter Salat.

VEGETARISCH

Gemüse-Tortilla

 Für 4 Portionen Einfach 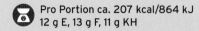 Pro Portion ca. 207 kcal/864 kJ
12 g E, 13 g F, 11 g KH

Fertig in: 45 Min.
Zubereitungszeit: 25 Min.
(+ 20 Min. Garen)

ZUTATEN

½ Bund Basilikum
6 Eier (Größe M)
50 g Sahne (30 % Fett)
1 Tl Salz
½ Tl Pfeffer
200 g gegarte Kartoffeln
50 g Zucchini
50 g rote Paprikaschote
1 Frühlingszwiebel (20 g)

■ Basilikum waschen, trocken schütteln, die Blätter abzupfen und im Mixbehälter mit eingesetztem Messbecher **8 Sekunden/Stufe 8** zerkleinern. Die Stücke mit dem Spatel an der Innenwand des Mixbehälters nach unten schieben. Eier, Sahne, Salz und Pfeffer in den Mixbehälter hinzugeben und alles mit eingesetztem Messbecher **30 Sekunden/Stufe 4** verrühren.

■ Etwas Backpapier so zurechtschneiden, dass es gut in den flachen Dampfgareinsatz passt und das flüssige Ei nicht herauslaufen kann.

■ Die Kartoffeln halbieren, in Scheiben schneiden und gleichmäßig im flachen Dampfgareinsatz verteilen. Zucchini und Paprikaschote putzen, waschen und trocken tupfen. Zucchini und Paprika würfeln und über den Kartoffeln verteilen. Die Frühlingszwiebel putzen, waschen, trocken tupfen und in Ringe schneiden. Die Ringe ebenfalls über das Gemüse geben. Die Eiermasse vorsichtig darüber gießen. Den Mixbehälter ausspülen.

■ 1 Liter kaltes Wasser in den Mixbehälter füllen. Den Dampfgaraufsatz samt Dampfgareinsatz auf den Mixbehälter setzen, verschließen und mit der **Dampfgar-Taste** garen. Fertige Tortilla vierteln und servieren.

TIPP
Dazu passt z.B. ein
grüner Salat.

Süßkartoffel-Gemüse-Curry

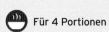 Für 4 Portionen   Einfach   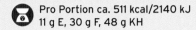 Pro Portion ca. 511 kcal/2140 kJ
11 g E, 30 g F, 48 g KH   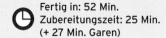 Fertig in: 52 Min.
Zubereitungszeit: 25 Min.
(+ 27 Min. Garen)

ZUTATEN

1 Knoblauchzehe
1 Schalotte (35 g)
1 Stück Ingwer (1 cm)
1 Tl Kokosöl
2 El gelbe Currypaste (mild)
2 Süßkartoffeln (450 g)
3 Möhren (150 g)
¼ Blumenkohl (150 g)
150 g Champignons
1 gelbe Paprikaschote (100 g)
150 g Kichererbsen aus der Dose
500 ml warme Gemüsebrühe
400 ml Kokosmilch
1 El Erdnussbutter
Salz + Pfeffer zum Abschmecken

AUSSERDEM

2 Frühlingszwiebeln (40 g)

■ Knoblauchzehe, Schalotte und Ingwer schälen und im Mixbehälter mit eingesetztem Messbecher **6 Sekunden/Stufe 8** zerkleinern. Die Stücke mit dem Spatel an der Innenwand des Mixbehälters nach unten schieben. Das Kokosöl hinzufügen und ohne eingesetzten Messbecher mit der **Anbrat-Taste/3 Minuten** dünsten. Die Currypaste in den Mixbehälter dazugeben und ohne eingesetzten Messbecher mit der **Anbrat-Taste/2 Minuten** anschwitzen.

■ Süßkartoffeln und Möhren waschen und schälen. Die Süßkartoffeln würfeln und die Möhren in Scheiben schneiden. Beides in den Mixbehälter geben. Blumenkohl putzen, waschen, in Röschen teilen und in den Mixbehälter geben. Die Champignons putzen, vierteln und ebenfalls dazugeben. Die Paprikaschote halbieren, putzen, innen und außen waschen und grob würfeln. Die Stücke in den Mixbehälter zu dem anderen Gemüse geben. Die Kichererbsen in ein Sieb abgießen, kalt abbrausen und abtropfen lassen.

■ Kichererbsen, warme Gemüsebrühe, Kokosmilch und Erdnussbutter in den Mixbehälter geben und ohne eingesetzten Messbecher mit **Linkslauf/22 Minuten/100 °C/Stufe 1** kochen. Mit Salz, Pfeffer und nach Geschmack mit Currypaste abschmecken.

■ Die Frühlingszwiebeln putzen, waschen und in dünne Ringe schneiden. Vor dem Servieren auf dem Curry verteilen.

Omelett
MIT GRÜNEM SPARGEL UND RICOTTA

 Für 2 Portionen   Einfach   Pro Portion ca. 370 kcal/1547 kJ
30 g E, 25 g F, 7 g KH   Fertig in: 35 Min.
Zubereitungszeit: 15 Min.
(+ 20 Min. Garen)

ZUTATEN

6 Eier (Größe M)
¼ Tl Salz
¼ Tl Pfeffer
1 Msp. Paprikapulver edelsüß
8 Stangen grüner Spargel
(250 g)
8 Kirschtomaten
100 g Ricotta (40 % Fett)
1 Beet Kresse

■ Die Eier, Salz, Pfeffer und Paprikapulver im Mixbehälter mit eingesetztem Messbecher **30 Sekunden/Stufe 4** verrühren. Etwas Backpapier so zurechtschneiden, dass es gut in den flachen Dampfgareinsatz passt und das flüssige Ei nicht herauslaufen kann. Die Eiermasse in den flachen Dampfgareinsatz gießen. Den Mixbehälter gründlich ausspülen.

■ Grünen Spargel waschen und das untere Drittel schälen. Die harten Enden abschneiden und den Spargel in die Eimasse legen. Die Kirschtomaten waschen, halbieren und ebenfalls darin verteilen.

■ Mit einem Teelöffel Nocken aus dem Ricotta stechen und gleichmäßig auf der Eimasse verteilen. Die Kresse waschen, trocken schütteln und die Spitzen mithilfe einer Schere abschneiden. Die Kresse gleichmäßig über der Eimasse verteilen.

■ Den Mixbehälter mit 1 Liter kaltem Wasser füllen. Den tiefen Dampfgaraufsatz auf den Mixbehälter aufsetzen, den flachen Dampfgareinsatz einhängen, verschließen und alles mit der **Dampfgar-Taste** garen. Anschließend den Dampfgaraufsatz vorsichtig öffnen, den flachen Dampfgareinsatz herausheben und das Omelett in Stücke geschnitten auf Tellern verteilen.

GEFÜLLTER
Kürbis

 Für 4 Portionen   Einfach 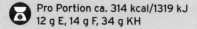 Pro Portion ca. 314 kcal/1319 kJ
12 g E, 14 g F, 34 g KH

Fertig in: 54 Min.
Zubereitungszeit: 25 Min.
(+ 29 Min. Garen)

ZUTATEN

200 g Blattspinat (TK)
1 Knoblauchzehe
1 El Butter
½ Tl Salz
¼ Tl Pfeffer
3 Msp. Muskat
1 Butternut-Kürbis (1 kg)
100 g Feta (45 % Fett)
6 festkochende Kartoffeln
    (500 g)
200 g griechischer Joghurt
    (10 % Fett)
2 El gemischte Kräuter (TK)
2 Msp. Cayennepfeffer

■ Den Blattspinat in einem Sieb auftauen lassen. Die Knoblauchzehe schälen und im Mixbehälter mit eingesetztem Messbecher **6 Sekunden/Stufe 8** zerkleinern. Die Stücke mit dem Spatel an der Innenwand des Mixbehälters nach unten schieben. Butter hinzufügen und ohne eingesetzten Messbecher mit der **Anbrat-Taste/2 Minuten** anbraten. Spinat ausdrücken und in den Mixbehälter hinzufügen. Mit ¼ Teelöffel Salz, 3 Prisen Pfeffer und Muskat würzen und ohne eingesetzten Messbecher mit der **Anbrat-Taste/2 Minuten** andünsten. Die Mischung umfüllen und den Mixbehälter ausspülen.

■ Butternut-Kürbis halbieren, Kerne entfernen und Fruchtfleisch herausschaben, dabei einen 1 cm breiten Rand stehen lassen. 150 Gramm Kürbis-Fruchtfleisch würfeln, Feta ebenfalls würfeln und beides mit dem Spinat vermengen. Die Kürbis-Feta-Spinat-Mischung gleichmäßig auf die Kürbishälften verteilen. Anschließend die Hälften in den tiefen Dampfgaraufsatz setzen.

■ Die Kartoffeln schälen, waschen, halbieren und in den Kocheinsatz geben. Den Mixbehälter bis zur 1-Liter-Markierung mit Wasser füllen, den Kocheinsatz einsetzen, den Dampfgaraufsatz aufsetzen, verschließen und mit der **Dampfgar-Taste/25 Minuten** garen.

■ In der Zwischenzeit den Joghurt mit den Kräutern verrühren und mit ¼ Teelöffel Salz, restlichem Pfeffer und Cayennepfeffer würzen.

■ Den Kürbis mit den Kartoffeln und dem Joghurt-Dip anrichten und servieren.

Champignons
MIT FRISCHKÄSE-FÜLLUNG

 Für 4 Portionen Einfach 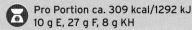 Pro Portion ca. 309 kcal/1292 kJ
10 g E, 27 g F, 8 g KH

Fertig in: 53 Min.
Zubereitungszeit: 30 Min.
(+ 23 Min. Garen)

ZUTATEN

½ Bund Petersilie
8 große oder 16 mittelgroße
   Champignons (400 g)
1 Knoblauchzehe
1 rote Paprikaschote (100 g)
3 El Olivenöl
2 Scheiben Toastbrot
200 g Frischkäse
   (Doppelrahmstufe)
½ Tl Paprikapulver edelsüß
½ Tl Salz
½ Tl Pfeffer

■ Petersilie waschen, trocken schütteln, die Blättchen von den Stielen zupfen und in den Mixbehälter geben. Mit eingesetztem Messbecher **8 Sekunden/Stufe 6** zerkleinern. Anschließend umfüllen und den Mixbehälter ausspülen.

■ Die Champignons abreiben und vorsichtig die Stiele entfernen. Stiele in den Mixbehälter geben, mit eingesetztem Messbecher **6 Sekunden/Stufe 4** zerkleinern und umfüllen. Die Knoblauchzehe schälen und in den Mixbehälter geben. Paprikaschote halbieren, putzen, innen und außen waschen und in groben Stücken in den Mixbehälter geben. Alles mit eingesetztem Messbecher **6 Sekunden/Stufe 6** zerkleinern. Zerkleinerte Champignonstiele und Olivenöl hinzufügen und ohne eingesetzten Messbecher mit der **Anbrat-Taste/3 Minuten** andünsten.

■ Die Toastbrotscheiben in kleine Würfel schneiden. Toastwürfel, Frischkäse, Petersilie, Paprikapulver, Salz und Pfeffer in den Mixbehälter geben und mit eingesetztem Messbecher **35 Sekunden/Stufe 4** verrühren.

■ Die Champignonköpfe mit der Frischkäsemasse füllen und gleichmäßig im tiefen Dampfgaraufsatz und bei Bedarf auch im flachen Dampfgareinsatz verteilen. Den Mixbehälter gründlich ausspülen und mit 1 l kaltem Wasser füllen. Die Dampfgaraufsätze aufsetzen, verschließen und mit eingesetztem Messbecher mit der **Dampfgar-Taste** garen. Die gefüllten Champignons mit Salat und knusprigem Brot servieren.

Polenta
MIT KÜRBISSPALTEN

 Für 4 Portionen   Einfach   Pro Portion ca. 463 kcal/1937 kJ
16 g E, 18 g F, 58 g KH   Fertig in: 55 Min.
Zubereitungszeit: 30 Min.
(+ 25 Min. Garen)

ZUTATEN

80 g Parmesan
800 g Hokaidokürbis
1 l warme Gemüsebrühe
250 g Polenta (Maisgries)
½ Tl Salz
1 El Butter

AUSSERDEM
Kürbiskernöl nach Belieben

- Parmesan in Stücken in den Mixbehälter geben und mit eingesetztem Messbecher **10 Sekunden/Stufe 10** zerkleinern. Den Käse umfüllen und beiseitestellen.
- Den Kürbis waschen, halbieren, vierteln und entkernen. Die Viertel nochmal halbieren oder bei Bedarf dritteln. Kürbisschnitze im flachen Dampfgareinsatz und im tiefen Dampfgaraufsatz verteilen. Die Gemüsebrühe in den Mixbehälter geben, den Dampfgaraufsatz aufsetzen, den flachen Dampfgareinsatz einhängen und verschließen. Alles mit der **Dampfgar-Taste/10 Minuten** garen.
- Den Dampfgaraufsatz abheben. Den Mixbehälter leeren, dabei die Brühe auffangen und davon 600 ml zurück in den Mixbehälter gießen. Polenta und Salz dazugeben, Dampfgaraufsatz wieder aufsetzen und **15 Minuten/90 °C/Stufe 3** garen.
- Den Dampfgaraufsatz abheben. Die Butter in den Mixbehälter geben und mit eingesetztem Messbecher **45 Sekunden/Stufe 3** unterrühren.
- Die Polenta auf Tellern verteilen, die Kürbisschnitze darauf verteilen, mit Parmesan bestreuen und nach Gusto mit einigen Tropfen Kürbiskernöl verfeinern.

Wirsing-Risotto

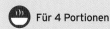 Für 4 Portionen

 Einfach

Pro Portion ca. 507 kcal/2121 kJ
9 g E, 24 g F, 63 g KH

Fertig in: 54 Min.
Zubereitungszeit: 20 Min.
(+ 26 Min. Garen, 8 Min. Ziehen)

ZUTATEN

1 Zwiebel (80 g)
100 g Butter
300 g Risottoreis
  (Kochzeit: 20 Min.)
¼ Wirsing (300 g)
600 ml heiße Gemüsebrühe
1 Prise frisch geriebene
  Muskatnuss
Salz + Pfeffer zum Abschmecken

■ Die Zwiebel schälen, halbieren und im Mixbehälter mit eingesetztem Messbecher **6 Sekunden/Stufe 8** zerkleinern. Die Stücke mit dem Spatel an der Innenwand des Mixbehälters nach unten schieben. 1 Esslöffel Butter hinzufügen und ohne eingesetzten Messbecher mit der **Anbrat-Taste/3 Minuten** andünsten. Den Risottoreis in den Mixbehälter dazugeben und ohne eingesetzten Messbecher mit der **Anbrat-Taste/2 Minuten/110 °C** mitdünsten.

■ Den Wirsing putzen, waschen, trocken schleudern und zerpflücken. In 2 Portionen in den Mixbehälter geben und mit eingesetztem Messbecher jeweils **5 Sekunden/Stufe 5** zerkleinern. 400 ml heiße Gemüsebrühe in den Mixbehälter geben und alles ohne eingesetzten Messbecher mit **Linkslauf/20 Minuten/90 °C/Stufe 1** garen. Der Reis soll cremig, aber noch bissfest sein. Je nach Reissorte bei Bedarf die Flüssigkeitsmenge nach Packungsanweisung anpassen.

■ Die restliche Gemüsebrühe, Butter und Muskat hinzufügen und mit eingesetztem Messbecher mit **Linkslauf/1 Minute/80 °C/Stufe 2** unter das fertige Risotto rühren. 8 Minuten ziehen lassen. Vor dem Servieren mit Salz und Pfeffer abschmecken.

GEFÜLLTE
Rote Bete

 Für 4 Portionen   Einfach   Pro Portion ca. 583 kcal/2443 kJ
21 g E, 44 g F, 27 g KH

Fertig in 1 Std. 13 Min.
Zubereitungszeit: 40 Min.
(+ 33 Min. Garen)

ZUTATEN

1 Knoblauchzehe
3 Frühlingszwiebeln (60 g)
50 g Pinienkerne
300 g Ziegenfrischkäse
½ Tl Salz
¼ Tl Pfeffer
8 frische Rote Bete (alternativ
   vorgegarte Rote Bete, dann
   entfällt der 2. Schritt) (1 kg)
8 Mini-Mozzarella-Kugeln
1 El Speisestärke
200 ml warme Gemüsebrühe

■ Knoblauchzehe schälen, Frühlingszwiebeln schälen und waschen, in grobe Stücke schneiden und beides in den Mixbehälter geben. Pinienkerne hinzufügen und alles mit eingesetztem Messbecher **8 Sekunden/Stufe 8** zerkleinern. Die Stücke mit dem Spatel an der Innenwand des Mixbehälters nach unten schieben. Ziegenfrischkäse, Salz und Pfeffer in den Mixbehälter geben und mit eingesetztem Messbecher **20 Sekunden/Stufe 4** verrühren. Umfüllen, kühl stellen und den Mixbehälter ausspülen.

■ Die frische Rote Bete abwaschen und mit Schale im tiefen Dampfgaraufsatz verteilen. Den Mixbehälter bis zur 1-Liter-Markierung mit warmem Wasser füllen. Den Dampfgaraufsatz auf den Mixbehälter aufsetzen, verschließen und mit der **Dampfgar-Taste/18 Minuten** garen. Wenn Sie vorgegarte Rote Bete verwenden, entfällt dieser Schritt.

■ Den Dampfgaraufsatz abheben, die Rote Bete abschrecken und schälen (Einmalhandschuhe verwenden). Jeweils die Kuppe abschneiden, die Bete mithilfe eines Löffels aushöhlen. Das Fruchtfleisch beiseitestellen. Die Beten mit der Frischkäsecreme füllen, die Kuppe wieder aufsetzen und in den tiefen Dampfgaraufsatz und bei Bedarf auch in den flachen Dampfgareinsatz setzen. Jeweils 1 Kugel Mini-Mozzarella auf jede gefüllte Rote Bete setzen.

■ Die Flüssigkeitsmenge im Mixbehälter überprüfen und gegebenenfalls bis zur 1-Liter-Marke auffüllen. Den Dampfgaraufsatz komplett auf den Mixbehälter aufsetzen, verschließen und mit der **Dampfgar-Taste/10 Minuten** garen.

- Den Dampfgaraufsatz abheben, die Roten Beten warm stellen. Den Mixbehälter leeren. Die Speisestärke in 3 Esslöffel kaltem Wasser glatt rühren. Die warme Gemüsebrühe, restliches Rote-Bete-Fruchtfleisch, restlichen Frischkäse und aufgelöste Speisestärke in den Mixbehälter geben. Alles mit eingesetztem Messbecher **30 Sekunden/Stufe 4-8** schrittweise ansteigend pürieren. Anschließend alles ohne eingesetzten Messbecher **5 Minuten/95 °C/Stufe 2** aufkochen. Mit Salz und Pfeffer abschmecken.
- Die Rote Bete auf tiefen Tellern anrichten und mit der Sauce servieren. Dazu passen geröstete Baguettescheiben.

SÜSSES

Schokoflan

MIT HIMBEEREN

 Für 6 Gläser
à 140 ml

 Einfach

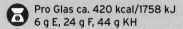 Pro Glas ca. 420 kcal/1758 kJ
6 g E, 24 g F, 44 g KH

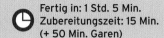 Fertig in: 1 Std. 5 Min.
Zubereitungszeit: 15 Min.
(+ 50 Min. Garen)

ZUTATEN

80 g Zucker
150 g dunkle Schokolade
   (70 % Kakaogehalt)
100 g Butter
2 Eier (Größe M)
120 g Mehl (Type 405)

AUSSERDEM

Fett für die Förmchen
Haushaltsgummis
50 g frische Himbeeren
3 El Puderzucker
   zum Bestäuben

■ Den Zucker in den Mixbehälter geben und mit eingesetztem Messbecher **10 Sekunden/Stufe 10** pulverisieren, anschließend umfüllen. Schokolade und Butter in Stücken in den Mixbehälter geben und mit eingesetztem Messbecher **5 Minuten/45 °C/Stufe 1** auflösen.

■ Puderzucker, Eier und Mehl hinzugeben und mit eingesetztem Messbecher **35 Sekunden/Stufe 4** zu einem glatten Teig verrühren. Die Gläser ausfetten und zu ¾ mit dem Teig füllen. Anschließend mit Frischhaltefolie abdecken und bei Bedarf mit einem Haushaltsgummi fixieren.

■ 1 l kaltes Wasser in den Mixbehälter geben, den Dampfgaraufsatz aufsetzen und die Gläser gleichmäßig im tiefen Dampfgaraufsatz verteilen. Den Dampfgaraufsatz verschließen und mit der **Dampfgar-Taste/45 Minuten** garen.

■ Den Schokoflan etwas abkühlen lassen und noch lauwarm mit Puderzucker bestäuben. Mit Himbeeren garniert servieren.

Toffeepudding

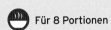 Für 8 Portionen Einfach 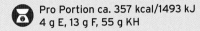 Pro Portion ca. 357 kcal/1493 kJ
4 g E, 13 g F, 55 g KH

Fertig in: 1 Std. 8 Min.
Zubereitungszeit: 25 Min.
(+ 43 Min. Garen)

ZUTATEN

FÜR DEN PUDDING

150 g entsteinte Datteln
1 Tl Natron
40 g gesalzene Butter
100 g brauner Zucker
150 g Mehl (Type 405)
½ Tl Weinsteinbackpulver
1 Ei (Größe M)

FÜR DIE KARAMELLSAUCE

75 g gesalzene Butter
75 g brauner Zucker
75 g flüssiger Honig
60 ml Milch (Frischmilch,
   3,5 % Fett)
1 Tl Vanillezucker

AUSSERDEM

8 Souffléförmchen
Butter für die Form
Mehl zum Ausstäuben
Haushaltsgummis
Fleur de Sel nach Belieben

■ Die Datteln in eine Schüssel geben, mit Natron bestreuen und 200 ml heißes Wasser dazugeben. Die Datteln 20 Minuten ziehen lassen.

■ Für die Karamellsauce die gesalzene Butter, braunen Zucker, Honig, Milch und Vanillezucker in den Mixbehälter geben und ohne eingesetzten Messbecher **8 Minuten/100 °C/Stufe 2** kochen. Die Sauce umfüllen, abkühlen lassen und bis zum Servieren kalt stellen. Den Mixbehälter gründlich reinigen.

■ Die Datteln mit dem Wasser in den Mixbehälter geben. Gesalzene Butter, braunen Zucker, Mehl, Backpulver und Ei in den Mixbehälter geben und mit eingesetztem Messbecher **35 Sekunden/Stufe 5** verrühren. Die Souffléförmchen buttern, mit Mehl ausstäuben und zu ²/₃ mit dem Teig füllen. Die Förmchen einzeln eng mit Frischhaltefolie verschließen und gegebenenfalls mit einem Haushaltsgummi fixieren.

■ Den Mixbehälter grob reinigen und bis zur 1-Liter-Markierung mit Wasser füllen. Den tiefen Dampfgaraufsatz auf den Mixbehälter aufsetzen, die Förmchen darin verteilen. Bei Bedarf den flachen Dampfgareinsatz einhängen und dort die restlichen Förmchen verteilen. Den Dampfgaraufsatz verschließen und alles mit der **Dampfgar-Taste/35 Minuten** garen.

■ Den Pudding vorsichtig aus der Form lösen, auf Tellern mit der Karamellsauce servieren und mit einer Prise Fleur de Sel bestreut servieren.

Quark-Mohn-Soufflé

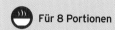 Für 8 Portionen

 Einfach

Pro Portion ca. 180 kcal/753 kJ
8 g E, 8 g F, 19 g KH

Fertig in: 1 Std. 5 Min.
Zubereitungszeit: 30 Min.
(+ 35 Min. Garen)

ZUTATEN

300 g Erdbeeren
50 g Puderzucker
2 Eier (Größe L)
1 Prise Salz
250 g Speisequark (20 % Fett)
50 g Sahne (30 % Fett)
75 g Zucker
50 g gemahlenen Mohn

AUSSERDEM

8 flache Marmeladengläser
 à 200 ml
Butter zum Ausfetten
Mehl zum Betäuben
Haushaltsgummis

■ Die Erdbeeren putzen, waschen, halbieren und mit dem Puderzucker im Mixbehälter mit eingesetztem Messbecher **40 Sekunden/Stufe 4-8** schrittweise ansteigend pürieren. Dann durch ein Sieb streichen und beiseitestellen. Den Mixbehälter gründlich reinigen und trocknen.

■ Die Eier trennen. Das Eiweiß mit 1 Prise Salz in den Mixbehälter geben. Den Rühraufsatz einsetzen und das Eiweiß ohne eingesetzten Messbecher **4 Minuten/Stufe 4** zu Eischnee schlagen. Umfüllen und den Mixbehälter kurz ausspülen.

■ Quark, Sahne, Zucker, Mohn und Eigelb in den Mixbehälter geben und mit eingesetztem Messbecher **25 Sekunden/Stufe 3** vermischen. Die Hälfte des Eischnees dazugeben und mit eingesetztem Messbecher **25 Sekunden/Stufe 2** unterrühren. Den restlichen Eischnee dazugeben und wieder mit eingesetztem Messbecher **25 Sekunden/Stufe 2** unterrühren. Bei Bedarf anschließend mit dem Spatel nochmal nachrühren.

■ Den Gläserboden mit Butter einfetten und mit Mehl ausstäuben. Die Ränder nicht einfetten. Die Quark-Mohn-Masse in die Gläser füllen, dabei einen fingerbreit Platz bis zum Rand lassen. Die Gläser einzeln eng mit Frischhaltefolie verschließen und gegebenenfalls mit einem Haushaltsgummi fixieren.

■ Den Mixbehälter grob reinigen und bis zur 1-Liter-Markierung mit Wasser füllen. Den tiefen Dampfgaraufsatz auf den Mixbehälter aufsetzen, die Gläser darin verteilen und den Dampfgaraufsatz verschließen. Alles mit der **Dampfgar-Taste/ 35 Minuten** garen.

■ Die Gläser vorsichtig aus dem Dampfgaraufsatz entnehmen und etwas abkühlen lassen. Anschließend auf Teller stürzen und mit der Erdbeersauce servieren.

Himbeer-Porridge

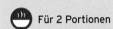 Für 2 Portionen

 Einfach

Pro Portion ca. 535 kcal/2239 kJ
22 g E, 22 g F, 61 g KH

Fertig in: 22 Min.
Zubereitungszeit: 12 Min
(+ 10 Min. Garen)

ZUTATEN

100 g Haferflocken

450 ml Milch (Frischmilch,
  3,5 % Fett)

1 Tl Vanilleextrakt

250 g Himbeeren

2 El Ahornsirup

35 g ganze Mandeln

4 El gepuffter Amarant

AUSSERDEM

8 Himbeeren

■ Haferflocken, Milch und Vanilleextrakt in den Mixbehälter geben und mit eingesetztem Messbecher **10 Minuten/95 °C/Stufe 2** garen.

■ Himbeeren waschen und vorsichtig trocken tupfen. Die Himbeeren und den Ahornsirup zum Porridge hinzufügen und mit eingesetztem Messbecher **20 Sekunden/Stufe 3** verrühren.

■ Porridge in Schalen füllen, mit Mandeln und Amarant bestreuen und heiß oder lauwarm servieren.

Bratapfel-Cheesecake
IM GLAS

 Für 8 Portionen   Einfach   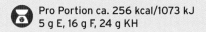 Pro Portion ca. 256 kcal/1073 kJ
5 g E, 16 g F, 24 g KH

Fertig in: 1 Std.
Zubereitungszeit: 20 Min.
(+ 40 Min. Garen)

ZUTATEN

85 g Zucker
¼ Tl gemahlener Zimt
3 Äpfel (350 g)
1 El Butter
250 g Frischkäse
  (Doppelrahmstufe)
1 Ei (Größe M)
8 Spekulatius-Kekse

AUSSERDEM
8 Weckgläser à 140 ml
Butter zum Ausfetten
Haushaltsgummis

■ Die Weckgläser ausfetten und beiseitestellen. 10 g Zucker und den Zimt in einer Schüssel vermischen und beiseitestellen.

■ Die Äpfel schälen, halbieren, vierteln, entkernen und in groben Stücken in den Mixbehälter geben und mit eingesetztem Messbecher **15 Sekunden/Stufe 4** zerkleinern. Die Stücke mit dem Spatel an der Innenwand des Mixbehälters nach unten schieben. Butter und 2 Esslöffel Zimt-Zucker-Mischung hinzufügen und ohne eingesetzten Messbecher mit der **Anbrat-Taste/5 Minuten** dünsten.

■ Die gedünsteten Äpfel auf die Weckgläser verteilen und beiseitestellen. Den Mixbehälter gründlich reinigen.

■ Frischkäse, 75 g Zucker und das Ei in den Mixbehälter geben und mit eingesetztem Messbecher **20 Sekunden/Stufe 3** verrühren. Die Masse auf die Weckgläser verteilen, dabei einen fingerbreit Platz zum Rand lassen. Die Gläser einzeln eng mit Frischhaltefolie verschließen und gegebenenfalls mit einem Haushaltsgummi fixieren.

■ Den Mixbehälter grob reinigen und bis zur 1-Liter-Markierung mit Wasser füllen. Den tiefen Dampfgaraufsatz auf den Mixbehälter aufsetzen, die Gläser darin verteilen und den Dampfgaraufsatz verschließen. Alles mit der **Dampfgar-Taste/35 Minuten** garen.

■ Die Gläser vorsichtig entnehmen, die Kekse grob zerkrümeln und den Cheesecake damit bestreuen und noch warm oder kalt servieren.

Orangenpudding
AUS DEM DAMPF

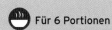 Für 6 Portionen   Einfach 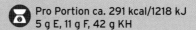 Pro Portion ca. 291 kcal/1218 kJ
5 g E, 11 g F, 42 g KH

Fertig in: 1 Std.
Zubereitungszeit: 20 Min.
(+ 40 Min. Garen)

ZUTATEN

3 Eier (Größe L)
1 Prise Salz
50 g weiche Butter
200 g Zucker
abgeriebene Schale und Saft
   von 2 unbehandelten Orangen
30 g Mehl (Type 405)
200 ml Milch (Frischmilch,
   3,5 % Fett)

AUSSERDEM

6 flache Keramik- oder
   Glasschalen
Haushaltsgummis
3 El Puderzucker

- Die Eier trennen. Das Eiweiß mit 1 Prise Salz in den Mixbehälter geben. Den Rühraufsatz einsetzen und das Eiweiß ohne eingesetzten Messbecher **4 Minuten/Stufe 4** zu Eischnee schlagen. Umfüllen und den Mixbehälter kurz ausspülen.

- Weiche Butter und Zucker in den Mixbehälter geben, Rühraufsatz erneut einsetzen und ohne eingesetzten Messbecher **3 Minuten/Stufe 3** rühren, dabei das Eigelb nach und nach durch die Öffnung im Deckel hinzufügen. Den Rühraufsatz entnehmen.

- Orangenschale, -saft und Mehl in den Mixbehälter hinzufügen und mit eingesetztem Messbecher **20 Sekunden/Stufe 3** vermischen. Die Milch dazugeben geben und mit eingesetztem Messbecher **15 Sekunden/Stufe 3** verrühren. Den Rühraufsatz einsetzen, den Eischnee dazugeben und mit eingesetztem Messbecher **18 Sekunden/Stufe 2** verrühren.

- Keramik- oder Glasförmchen ausfetten. Orangencreme gleichmäßig auf die Förmchen verteilen. Förmchen einzeln eng mit Frischhaltefolie verschließen und gegebenenfalls mit einem Haushaltsgummi fixieren. Die Förmchen im tiefen Dampfgaraufsatz und im flachen Dampfgareinsatz verteilen.

- Den Mixbehälter ausspülen. 1,2 l heißes Wasser in den Mixbehälter geben. Den flachen Dampfgareinsatz in den Dampfgaraufsatz einhängen, auf den Mixbehälter aufsetzen und verschließen. Alles mit der **Dampfgar-Taste/ 40 Minuten** dämpfen.

- Die Frischhaltefolie entfernen und den Orangen-Pudding nach Belieben mit Puderzucker bestreuen oder mit übriggebliebenen Orangenzesten garnieren. Den Pudding kann man lauwarm oder kalt servieren.

REZEPTVERZEICHNIS